Bibliothek
der Erinnerung

Herausgegeben vom Zentrum für Antisemitismusforschung
der Technischen Universität Berlin

Band 23

Hans Frankenthal

Verweigerte Rückkehr

Erfahrungen nach dem Judenmord

Unter Mitarbeit von

Andreas Plake, Babette Quinkert und Florian Schmaltz

Ⓜ | METROPOL

ISBN: 978-3-86331-089-9

Die Erstausgabe ist 1999 im Fischer Taschenbuchverlag erschienen.

Ansbacher Straße 70 · D–10777 Berlin
www.metropol-verlag.de

Druck: SPPrint Consult, Berlin

Inhalt

Teil I

»Wo liegt Schmallenberg?«

Ein paar Kilometer hinter Dresden hielt der Bus vor einem Hotel. Wir stiegen aus – eine Gruppe von ungefähr 20 Menschen, alle aus der Gegend um Dortmund, die hier die Nacht verbringen sollten.

Mein Bruder Ernst und ich teilten uns ein Zimmer. Wir legten uns in das Doppelbett mit den dicken Matratzen und zogen die großen Oberbetten über uns. Unsere Köpfe versanken fast in den weichen Kissen, aber nach einer halben Stunde wälzten wir uns immer noch von einer Seite zur anderen, von rechts nach links und von links nach rechts. »Hans«, fragte Ernst plötzlich leise, »kannst du auch nicht schlafen?«

»Ich weiß nicht, ich bin müde, aber ich krieg kein Auge zu.«

Ich wühlte noch eine Weile in den Decken, bevor ich einen Entschluss fasste: »Ernst, in zehn Minuten schlafe ich bestimmt.«

Nachdem ich mir das Kissen geschnappt und mich damit auf den Fußboden gelegt hatte, schlief ich nach kurzer Zeit tief und fest.

Unsere Körper waren es nicht mehr gewöhnt, auf etwas Weichem zu liegen oder zugedeckt zu sein – wir hatten die letzten zwei Jahre in Lagern verbracht.

Erst vor wenigen Tagen hatten Ernst und ich vor der Kommission in *Theresienstadt*[1] kurz die Geschehnisse der letzten Jahre erzählt und auf

1 In das in der tschechischen Stadt Terezín errichtete ghettoähnliche Konzentrationslager Theresienstadt wurden mehr als 140 000 Häftlinge deportiert, darunter etwa 15 000 Kinder und viele alte Menschen. 33 500 von ihnen starben dort, fast 90 000 wurden in Vernichtungslager in Osteuropa gebracht und dort getötet. (Kursiv gesetzte Begriffe werden zusätzlich in einem ausführlicheren Glossar erläutert, das im Internet unter www.metropol-verlag.de/pp/downloads/downloads.htm und http://www.stiftung-auschwitz-komitee.de/der-hans-frankenthal-preis/%C3%BCber-hans-frankenthal/wer-war-hans-frankenthal zugänglich ist.)

die Frage, wohin wir gebracht werden wollten, geantwortet: »Wir möchten nach Schmallenberg.« »In welchem Land liegt Schmallenberg?«

Als wir erwidert hatten, dass Schmallenberg in Deutschland liege, hatten uns die Mitglieder der Kommission ungläubig angestarrt: »Wie könnt ihr in ein Land zurückgehen, das euch so Furchtbares angetan hat?«

Über diese Frage dachte ich nach, als ich wie gewohnt lange vor Sonnenaufgang aufwachte. Wir hofften, dort Verwandte und Bekannte wiederzutreffen, aber entscheidend für unseren Entschluss waren die letzten Worte unseres Vaters, die er uns mitgegeben hatte, bevor wir getrennt worden waren.

Mein Bruder und ich befanden uns auf dem Rückweg nach Schmallenberg im Sauerland, wo wir beide unsere Kindheit verbracht hatten.

Der Boykott

Ich war sechs Jahre alt, als ich an einem Samstag auf dem Weg von der Schule nach Hause vor den vier jüdischen Geschäften in Schmallenberg SA-Leute mit Plakaten stehen sah: »Deutsche wehrt euch, kauft nicht bei Juden!« Sie hatten sich auch vor der Metzgerei meines Onkels Emil postiert, und ich lief ziemlich verwirrt zu meinen Eltern, um ihnen davon zu berichten. Es war der 1. April 1933. Die Stimmung zu Hause war nicht besonders gut, aber so richtig besorgt schien mein Vater nicht zu sein. Gemeinsam mit drei seiner Brüder betrieb er ein Viehhandelsgeschäft, und gegen fünf Uhr ging er wie jeden Samstagnachmittag zum Büro des Bahnvorstehers. Dort wollte er sich um das Verladen der über die Woche eingekauften Tiere kümmern, die am Wochenende zu den Märkten in Elberfeld und Dortmund transportiert wurden.

Ich saß bei meinen Onkeln und den anderen jüdischen Viehhändlern in unserem Wohnzimmer, als mein Vater sehr bedrückt zurückkam und erzählte, dass der Boykott gegen jüdische Geschäfte auch das Verladen und Verschicken des Viehs in Eisenbahnwaggons betreffe.

Das stellte die Händler natürlich vor große Schwierigkeiten. An diesem Nachmittag fand Heinrich Reinke, ein Freund meines Vaters aus dem Nachbardorf Oberkirchen und selbst Viehhändler, jedoch noch eine Lösung. Bevor er sich auf den Weg zum Bahnhof machte, um die Waggons in seinem Namen zu versenden, warnte er vorsorglich: »Wir werden morgen riesengroße Probleme bekommen. Es bleibt uns nichts anderes übrig, als noch heute die Bücher umzuschreiben.«

Wie vermutet, tauchte am nächsten Tag erst bei uns und danach bei Heinrich Reinke der NSDAP-*Ortsgruppenleiter* Hermann Gilsbach in Begleitung eines Polizeimeisters auf, um sich die Geschäftsunterlagen zeigen zu lassen und penibel zu prüfen. Aber Vater und Reinke hatten sich am Vorabend nach Einbruch der Dunkelheit zusammengesetzt, um die Eintragungen zu ändern. Als Käufer und Verkäufer tauchte nur Heinrich Reinke auf, von dem nun eine Rechtfertigung gefordert wurde: »Wie kommst du dazu, den Juden das Vieh zu transportieren?«

Sie brannten darauf, ihm ein Verfahren anzuhängen, aber der Freund meines Vaters war ein pfiffiger Mensch, der behauptete: »Das war die erste Gelegenheit in meinem Leben, die Juden einmal auszunehmen. Ich habe das Vieh für den halben Preis gekauft, so konnte ich mich rächen, weil sie mich so oft betrogen haben.«

Das nahmen die Nazis ihm anscheinend ab, denn damit war die Sache erledigt.

Bisher hatten die jüdischen Viehhändler in der Gegend keine größeren Schwierigkeiten gehabt. Die erste jüdische Familie in Schmallenberg hatte sich bereits gegen Ende des 17. Jahrhunderts hier angesiedelt, und Anfang der dreißiger Jahre lebten in dem zweieinhalbtausend Einwohner zählenden Städtchen elf jüdische Familien mit rund fünfzig Mitgliedern. Die meisten Juden arbeiteten im Viehhandel oder in der Schlachterei. Eine Familie, die maßgeblich am Auf- und Ausbau der Textilindustrie der Stadt beteiligt war, wurde weit über Schmallenberg hinaus bekannt und war sehr geachtet. Die Brüder Michael und Simon Stern hatten 1867 eine der ältesten und wichtigsten Gründungen industrieller Textilverarbeitung in Schmallenberg initiiert, als sie ihren

Schwere Milch-Kühe,
Rinder und Zuchtkälber
liefern in Kauf und Tausch, bei
reellster Bedienung,
Gebrüder Frankenthal.
Metzgerei und Viehhandlung.
SCHMALLENBERG.
Telephon Nr. 41.

Zeitungsanzeige der Metzgerei und Viehhandlung
der Gebr. Frankenthal in Schmallenberg, ca. 1920
Privatbesitz

Textilhandel, vor allem Handstrickerei, um eine eigene Wollspinnerei erweiterten. Inzwischen war die »Strickwarenfabrik Salomon Stern« nicht nur in Schmallenberg, sondern auch in Wuppertal vertreten.

Meine Familie, die seit Generationen hier lebte, war vollständig in das gesellschaftliche und wirtschaftliche Leben integriert. Mein Großvater David Frankenthal, der 1880 von Altenlotheim im Hessischen nach Schmallenberg gezogen war, hatte Emma Stern geheiratet, deren Familie bereits seit drei Generationen hier lebte. 1890 baute er ein Haus mit einer Metzgerei, in dem mein 1883 geborener Vater Max mit seiner Schwester Selma und seinen vier Brüdern Josef, Julius, Emil und Sally aufwuchs.

Tante Selma brach gegen einige Widerstände in der Familie ein Tabu, als sie den Christen Karl Friedrich heiratete. Während Onkel Emil die Metzgerei übernahm, wurde von seinen Brüdern ein Viehhandelsgeschäft aufgebaut, dessen Kopf mein Vater war – Abrechnungen und

Schmallenberger Schützenfest 1910. Schützenkönig Wilhelm König mit seiner Frau (M.), Vizekönig Max Frankenthal (4. Mann v. r.) mit seiner Schwester Selma (ganz l.), Emil Frankenthal vor dem »Café König«
Privatarchiv Hans Frankenthal, Jüdisches Museum Berlin

Buchführung lagen in seiner Hand. Die Brüder Frankenthal, die bei ihren Einkäufen das ganze Sauerland bereisten, waren angesehene Leute.

1910 stieg mein Vater als erster Jude in Schmallenberg zum Vize-König des Schützenvereins auf. Bereits Mitte des 19. Jahrhunderts hatten die jüdischen Einwohner der Stadt versucht, in den Schützenverein aufgenommen zu werden, aber erst zwanzig Jahre später gelang es den Brüdern Stern durchzusetzen, dass die Satzung entsprechend geändert wurde. In den folgenden Jahrzehnten öffneten viele Vereine – außer dem katholischen Kolping- und Mütterverein – ihre Türen für jüdische Mitglieder. Das Vereinsleben der Schützen, Männerchöre, Kegelbrüder und Sportbegeisterten besaß für die Schmallenberger Bürger einen hohen Stellenwert, die Mitgliedschaft bedeutete zugleich gesellschaftliches Ansehen.

Am Ersten Weltkrieg nahm mein Vater – ebenso wie seine Brüder – als Soldat teil. Er kämpfte wie jeder deutsche Patriot für »Kaiser, Volk und Vaterland«, erhielt das Eiserne Kreuz II. Klasse, wurde als Sergeant entlassen und engagierte sich nach dem Krieg als Mitglied des Kriegerverbandes sehr beim Aufbau des ersten Kriegerdenkmals in Schmallenberg.

In seiner Einstellung war er wie der überwiegende Teil der ländlichen Bevölkerung national-konservativ und wählte, wie die große Mehrheit der Schmallenberger, die Zentrumspartei.

»Ich bin ein stolzer deutscher Jude« – diese Worte hörten wir als Kinder oft von ihm.

Meine Eltern lernten sich Anfang der zwanziger Jahre in Schmallenberg kennen, als meine Mutter Adele, 1886 geboren, noch in Duisburg bei ihrer Mutter lebte. Ursprünglich kam sie aus einer Krefelder Metzgerfamilie, aber nachdem ihr Vater auf dem Schlachthof von einem durchgehenden Bullen getötet worden war, hatte ihre Mutter die Metzgerei verkauft und in Duisburg eine Pension eröffnet. Meine Eltern begegneten sich, als meine Mutter eine Freundin – Helene Funke aus Schmallenberg, die in Duisburg ein Schneideratelier betrieb – in ihren Heimatort begleitete. Mein Vater, zu dieser Zeit schon fast vierzig Jahre alt, war noch unverheiratet, da nach dem Krieg der Wiederaufbau des Geschäfts Vorrang gehabt hatte. 1923 feierten meine Eltern ihre Verlobung, ein Jahr später heirateten sie und am 18. Juli 1924 wurde ihr erster Sohn, mein Bruder Ernst, geboren. Ich kam zwei Jahre später, am 15. Juni 1926, zur Welt.

Unser jüdisches Elternhaus

Obwohl meine Mutter – eine vornehme, gutbürgerlich erzogene Frau – eigentlich nicht so recht in die ländliche Gegend passte, verstand sie sich mit den Schmallenbergern sehr gut. Im Gegensatz zu meinen Tanten traf

Die Brüder Max (l.) und Emil (r.) Frankenthal
im Ersten Weltkrieg bei Verdun, Frankreich
Privatarchiv Hans Frankenthal, Jüdisches Museum Berlin

man sie allerdings nie im Kuhstall an, was jedoch nicht verwunderlich war, da sie dort überhaupt nicht zurechtgekommen wäre. Sie konnte eine Kuh weder putzen noch melken. Dafür verwaltete meine Mutter das Geld der Familie, führte den Haushalt streng religiös und bildete in unserem Leben den ruhenden Pol. Als orthodoxe Jüdin achtete sie nicht nur auf eine religiöse Erziehung, sondern auch auf die Einhaltung der jüdischen Gesetze. Bei uns zu Hause wurde nur *koscher* gegessen.

An Feiertagen, die bei uns eine große Rolle spielten, tischte meine Mutter – eine sehr gute Köchin – immer wahre Festessen auf. Wenn mein Vater sich nach sechs oder sieben Gängen in seinem Stuhl leise stöhnend zurücklehnte und sein »Jetzt bin ich aber satt!« murmelte, erntete er oft ein Schmunzeln meiner Mutter, die scherzte: »Na, dann brauchst du ja keinen Nachtisch mehr.« Seinen sofort eingewandten Standpunkt »Nachtisch kann man auch essen, wenn man schon satt ist« machten wir Kinder uns natürlich zu eigen.

In einem kleinen Städtchen wie Schmallenberg mit seinen nur elf jüdischen Familien war es nicht leicht, die Kinder jüdisch zu erziehen. Der überwiegende Teil der Bevölkerung war, ebenso wie unsere Nachbarskinder, mit denen wir zusammen aufwuchsen, katholisch. Die Juden und Protestanten bildeten die Minderheiten. Unsere Mutter ermahnte uns immer, bei unseren Freunden keine nichtkoscheren Lebensmittel zu essen, aber sonst spielte unser Judentum kaum eine Rolle. Wir durften die anderen an Allerheiligen auf den Friedhof begleiten oder sie zu Weihnachten besuchen, wenn sie ihre Geschenke bekamen.

Meine Mutter machte nur eine Ausnahme: Sie wollte nicht, dass wir in den katholischen Kindergarten gingen, da sie annahm, dass die Nonnen versuchen würden, uns von unserem Glauben abzubringen. Mein Vater war ebenfalls fromm, aber wie die meisten Schmallenberge Juden religiös eher liberal eingestellt. Da die meisten Männer im Viehhandel oder in der Schlachterei beschäftigt waren, konnten sie die religiösen Bestimmungen nur teilweise einhalten, da freitags und samstags – also am *Sabbat* – das Hauptgeschäft abgewickelt wurde. Sobald mein Vater an diesen Tagen aber Zeit fand, ging er mit uns zusammen in die Schmallenberger Synagoge, wo Ernst und ich unsere festen Plätze rechts und links neben ihm einnahmen. Wenn wir manchmal gleichgültig wurden und nicht in unser Gebetbuch, sondern in die Gegend schauten, rief er uns zur Ordnung, indem er auf die Textstelle zeigte, die der Rabbiner oder Vorbeter gerade vorlas.

Das Gemeindeleben in Schmallenberg war wie das in einer großen Familie. Die elf Familienvorstände reichten gerade aus, um einen Gottesdienst abhalten zu können. Die Gebete wurden von Heinemann Funke, dem Vorsitzenden der Gemeinde, oder vom alten Goldschmidt, dem Vater von Julius Goldschmidt, gelesen. An hohen Feiertagen oder zu besonderen Anlässen wurde ein Rabbiner aus dem Hessischen eingeladen.

An manchen Feiertagen mussten Ernst und ich bis zu fünf Stunden in der Synagoge bleiben – am *Versöhnungstag*[2] sogar zwölf oder dreizehn Stunden. Das fiel mir, wenn draußen die Freunde nach uns riefen, oft ganz schön schwer. Mein Vater, der jedoch darauf bestand, dass wir sitzen blieben, erzog uns zu überzeugten Juden, und ich war – nach seinem Vorbild – ein stolzer Jude.

Das Gemeindeleben spielte in den jüdischen Familien zwar eine bedeutende Rolle, aber ansonsten unterschieden sie sich kaum von der restlichen Bevölkerung der Stadt. Sie waren in keiner Weise isoliert, und zu dem großen Freundes- und Bekanntenkreis meines Vaters gehörten selbstverständlich auch Nicht-Juden. Drei Mal in der Woche ging mein Vater Karten spielen, jedes Mal in einer anderen Kneipe. Dort traf er sich unter anderem mit Franz Falke, dem Chef der Firma Falke, dem Bauern Kewekordes und dem Bauunternehmer Hepelmann, der 1926/27 unser Haus in der Obringhäuserstraße gebaut hatte, um mit ihnen Skat, Doppelkopf oder Whist zu spielen. In jeder Kneipe hing eine seiner langen Pfeifen, sodass er von zu Hause nur Tabaksbeutel und Streichhölzer mitzubringen brauchte.

Ich erinnere mich noch gut, wie ich ihn als Kind manchmal zu seinen täglichen Friseurbesuchen begleiten durfte. In der langen Reihe der

2 Der Versöhnungstag (Jom Kippur) ist der höchste jüdische Feiertag.

Adele Frankenthal mit ihren Söhnen Hans
(auf dem Arm) und Ernst (r.), ca. 1929
Privatarchiv Hans Frankenthal, Jüdisches Museum Berlin

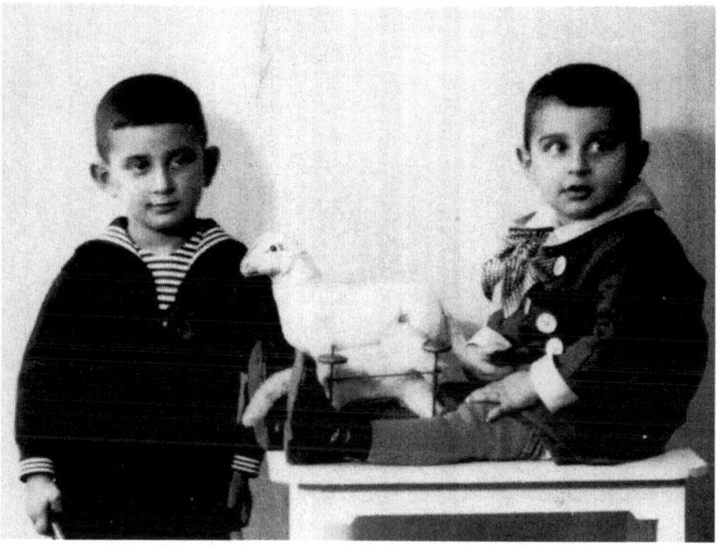

Ernst (l.) und Hans (r.) Frankenthal, ca. 1929
Privatarchiv Hans Frankenthal, Jüdisches Museum Berlin

Seifentöpfchen – jeder der Besucher, die sich im Salon rasieren ließen, besaß sein eigenes Porzellanschälchen – trug das meines Vaters die Nummer 14.

Kindheit in Schmallenberg

1932 wurde ich in die katholische Volksschule von Schmallenberg eingeschult. Unser Verhältnis zu den katholischen Kindern war sehr gut – allein schon deshalb, weil deren Eltern sagten: »Mit den Juden dürft ihr spielen, aber mit den Lutherschen nicht!« Die Isolation der evangelischen Kinder, die eine Schule im Nachbardorf besuchten, verstand ich nicht. Einer meiner liebsten Spielgefährten, Erwin Wolf, der vier Häuser weiter wohnte, kam aus einer evangelischen Familie.

Ernst, Onkel Ernst Meyer, Großmutter Helene Meyer, Tante Lene (geb. Funke), Max und Adele Frankenthal, Hans (v. l. n. r.), ca. 1929
Privatbesitz

In meiner Klasse waren drei jüdische Kinder: außer mir noch Else, die Tochter von Onkel Julius, und Edith Gonsenhäuser. Zu meiner Schulzeit war es in Schmallenberg noch üblich, dass die Kinder vor Unterrichtsbeginn die Messe besuchten. Zudem war die erste Stunde Religionsunterricht, sodass die jüdischen Kinder erst um halb neun erscheinen mussten. Dies löste natürlich großen Neid bei unseren Mitschülern aus. Allzu groß war dieser Vorteil allerdings auch wieder nicht, da unser Religionsunterricht am Sonntag stattfand, wenn der Lehrer Albert Stern aus Berleburg uns zwischen ein und fünf Uhr Privatstunden erteilte. Dann waren es unsere Schulkameraden, die draußen herumtobten und unter dem Fenster riefen: »Kommt raus, wir wollen Fußball spielen!«

Großen Einfluss auf meine Kindheit hatte die Tatsache, dass meine Onkel nur Töchter hatten. Ernst und ich wurden als die einzigen männlichen Nachkommen nicht nur von den Eltern, sondern auch von Tanten und Onkeln sehr verwöhnt.

Ich begeisterte mich so sehr für die Tiere und Stallungen, dass meine Mutter mich nur mit Mühe dazu bewegen konnte, meine Schularbeiten zu erledigen. Sobald ich fertig war, flitzte ich los, um beim Ausmisten oder Melken zu helfen. So verbrachte ich viel Zeit meiner Kindheit bei meinen Onkeln und Tanten. Ernst hatte kein besonderes Interesse am Viehhandel. Er war im Gegensatz zu mir gerne zu Hause, half meiner Mutter in der Küche und hatte sogar eine Zeit lang die Idee, Schiffskoch zu werden. Das war wohl ein Grund, warum die Aufmerksamkeit meiner Verwandten vor allem auf mir lag. Manchmal bemerkten sie scherzend, ich solle doch schneller wachsen, damit ich endlich einen Führerschein machen könne. Eine Motorisierung des Geschäfts war zwar geplant, aber mein Vater fühlte sich zu alt, um noch die Fahrschule zu besuchen. Stattdessen fuhr er zweimal in der Woche mit dem ersten Zug ins Henneborner Gebiet, wo er sich von einem Taxi an den Dorfrändern absetzen ließ und von Haus zu Haus ging.

In den Ferien durfte ich ihn auf seinen Touren begleiten, ebenso wie meine Onkel, die sich manchmal sogar darum kabbelten, wer mich am nächsten Tag mitnehmen durfte. Für mich war das außerordentlich spannend, vor allem, weil meine besondere Aufgabe darin bestand, einem Freund meines Vaters, Wilhelm Piskuping, die von ihm gesammelten Ziegenfellchen abzukaufen – das Stück für ungefähr fünfundzwanzig Pfennig. Ich trocknete und lagerte sie auf unserem Speicher, bis der Fellhändler Kasrael aus Hallenberg – auch ein Jude –, der alle zwei bis drei Wochen vorbeikam, sie mir abkaufte. Ich war für alles selbst verantwortlich. Meine »Einnahmen« durfte ich behalten, sie kamen auf ein Sparkonto.

Als ich einmal in den Sommerferien mit meinem Vater über die Dörfer fuhr, plagte uns der Hunger. Während er sich normalerweise von den Bauern eine Scheibe trockenes Brot und fünf Eier – eben koscheres Essen – geben ließ, fragte er mich diesmal, ob ich nicht auch Lust auf ein Schinkenbrot habe. »Sag aber Mama nichts davon!«, schärfte er mir ein.

Zu Hause musste ich wie immer gleich in die Badewanne, weil ich nach Kuhstall roch. Damit beschäftigt, mich abzuschrubben, fragte meine Mutter mich aus: »Wie war's denn? Hast du auch was gegessen?«

»Ja.«

»Was denn?«

»Ein Schinkenbutter mit Ei.«

Meine Mutter ließ den Schwamm fallen und starrte mich an. Ich hatte den Eindruck, dass sie mir am liebsten den Finger in den Hals gesteckt hätte. Ich habe nie erlebt, dass meine Eltern sich stritten, aber an diesem Tag hörte ich unten aus dem Wohnzimmer ein paar laute Worte.

Ich war ein wilder Junge, und des Öfteren machte ich meinen Eltern richtig Ärger. Mit sieben oder acht Jahren baute ich zusammen mit einem Freund eine Schleuder, mit der wir uns zu der zweihundert Meter von unserem Haus entfernten Dachpappenfabrik von Karl Pieper, einem Freund meines Vaters, aufmachten. Die Fabrik befand sich in einem lang gezogenen Gebäude mit Hunderten von kleinen Fensterchen – ein wunderbares Ziel! Wir schossen eines nach dem anderen kaputt ... Das Donnerwetter, das folgte, war nicht ohne!

Wir trieben viele Streiche. So banden wir eine Schnur an ein Portemonnaie, versteckten uns im Straßengraben und zogen es weg, wenn Leute sich bückten. Oder wir drückten eine flache Schraube mit dem Gummi einer Bierflasche ans Fenster und machten alte Leute damit bange. In der Schule war ich allerdings brav und fleißig. Darauf achtete meine Mutter sehr.

Das Sportfest

Nach dem Boykott 1933 ging der Viehhandel enorm zurück, obwohl sich einige Menschen durch die antisemitischen Aufrufe nicht davon abhalten ließen, weiterhin in den jüdischen Geschäften einzukaufen. In jedem Ort gab es einen NSDAP-Ortsgruppenleiter und einen *Ortsbauernführer*, und die Bauern, die noch mit uns handelten, bekamen Probleme. Sie wurden zum Beispiel bei den Sonderzuteilungen für Saatgut benachteiligt.

Trotzdem sahen sich die regionalen Nazipropagandisten gezwungen, immer wieder auf die für sie unbefriedigende Situation hinzuweisen. So erschien am 15. August 1935 in ihrer Zeitung »Rote Erde« ein Artikel unter dem Titel »Meidet die Juden! Noch immer will man nicht schlau werden«, in dem gedroht wurde, die Namen aller Bürger, die weiterhin geschäftliche Verbindungen zu Juden pflegten, zu veröffentlichen. Sie wurden als »Judenknechte« und »Verräter an Volk und Staat« beschimpft.

Ab 1935 spielte sich der Viehhandel deshalb versteckt und vor allem nachts ab. Einige Bauern, die noch an uns verkauften, hatten selbst nicht mehr den Mut, das Vieh zu bringen. In Schmallenberg gab es zum Glück noch Menschen, die es für uns gegen Entlohnung abholten. Doch wenn sie nicht zur Verfügung standen, drückte mein Vater mir abends im Dunkeln einen Strick und Geld in die Hand und forderte mich auf: »Hier ist das Geld, hol die Kuh ab.«

Einmal wollte ich mich herauswinden: »Es ist doch dunkel, ich kann nichts sehen.«

»Dann fühl!«

Der Bauer in Berghausen hieß Huckel, und ich versuchte es noch einmal: »Ich weiß aber gar nicht, wo der Huckel wohnt.«

»Dann frag!«

Die zunehmende Diskriminierung der jüdischen Bevölkerung war bei uns zu Hause Dauerthema. Wenn Onkel Ernst, der Bruder meiner Mutter, uns aus dem Zimmer schicken wollte, sobald es um politische Sachen ging, widersprach mein Vater ihm: »Das betrifft die Jungens genauso gut wie uns, sie sollen es ruhig mitbekommen.«

Ich persönlich empfand das Klima nicht als sehr bedrückend. Meine ersten Schuljahre waren eigentlich ganz normal verlaufen, obwohl es auch überzeugte Antisemiten und SA-Männer unter den Lehrern gab, wie zum Beispiel meinen Turnlehrer Rüther, bei dem die ganze Schule auf dem Schulhof antreten und das Deutschlandlied oder das Horst-Wessel-Lied singen musste. Bei solchen Begebenheiten wurden die jüdischen Schüler vorher rausgerufen und nach Hause geschickt.

Unter den Kindern aber gab es anfangs noch wenig Spannungen. Wir lebten bis 1935 – dem Jahr, in dem die *Nürnberger Rassegesetze* verabschiedet wurden – ganz einträchtig zusammen. In diesem Jahr tauchten für mich persönlich die ersten größeren Schwierigkeiten auf. Wie die meisten meiner Freunde war auch ich sehr sportbegeistert: Wir spielten im Deutschen Turnerbund oder in der Deutschen Jugendkraft Fußball, turnten, fuhren mit unseren Fahrrädern herum oder liefen im Winter in den Bergen der Umgebung Ski. Das jährliche Schulsportfest war immer ein großartiges Ereignis für uns. 1935 scholl es inmitten der Wettkämpfe plötzlich über den Platz: »Judenkinder zur Wettkampfleitung!«

Bereits an der Sprache merkten wir, dass etwas nicht stimmte, denn in Schmallenberg war es bisher nicht üblich gewesen, uns »Judenkinder« statt »jüdische Kinder« zu nennen. Verunsichert begaben wir uns zum Leiter des Festes, der bekannt gab: »Juden haben auf deutschen Sportfesten nichts mehr zu suchen.«

Nachdem uns die Lehrer die Eichenkränzchen, die vor den Wettkämpfen gemacht worden waren, und die bereits erhaltenen Urkunden wieder abgenommen hatten, schlichen Ernst und ich niedergeschlagen nach Hause. Dort erzählten wir unserem Vater, was uns widerfahren war. Wir drängten ihn, von hier fortzugehen, aber er beruhigte uns: »Uns kann nichts passieren. Ich habe für mein Vaterland gekämpft.« Wie viele seiner Bekannten, die am Weltkrieg teilgenommen hatten, ging er davon aus, dass sich der Antisemitismus hauptsächlich gegen die osteuropäischen Juden richten würde, die vor allem im Berliner Scheunenviertel lebten.

Als Ernst und ich in der gleichen Woche zum Schwimmbad gingen, hing am Eingang ein neues Schild: »Betreten für Juden verboten!« Weil der Bademeister ein Freund unserer Familie war, gelangten wir trotzdem hinein. Aber schon wenige Tage später teilte er uns mit, dass er es nicht mehr erlauben könne.

In den folgenden Monaten versuchte unser Vater, einen jüdischen Sportverein zu gründen. Dies scheiterte jedoch daran, dass die jüdischen Gemeinden im Sauerland zu klein waren. So war es 1935 plötzlich mit dem Sporttreiben für uns vorbei.

Verlust der Freunde

In diesen Monaten verlor ich auch die meisten Freunde. Deutscher Turnerbund und Deutsche Jugendkraft wurden von der *Hitlerjugend* vereinnahmt, und mein Schuljahr wurde geschlossen ins Jungvolk übernommen. Alle meine Klassenkameraden kleidete man eines Tages in einem Textilgeschäft mit Uniformen neu ein, mit Ausnahme von zwei Jungen, deren Eltern dies verweigerten. Diese beiden hielten auch weiter zu uns, aber insgesamt waren wir unter den Kindern ziemlich isoliert. Wir brauchten viel Trost von unseren Eltern.

Im Winter besuchte ich meine Onkel und Tanten, die eine Weide besaßen, auf der man hervorragend Schlitten fahren konnte. Dort durften uns die anderen Kinder zwar nicht verjagen, aber dass sich mal jemand bei uns mit auf den Schlitten setzte oder drei, vier Schlitten aneinandergebunden wurden, wie wir es früher immer gemacht hatten, das war vorbei.

Als ich einige ehemalige Freunde fragte, warum sie sich so von mir abwendeten, erhielt ich zur Antwort, ich solle nur einmal in ihrem Unterricht zuhören, was da alles über die minderwertigen Juden erzählt würde. Sie lernten, dass wir weniger wert seien als Ratten – und das bekamen wir von unseren »arischen« Mitschülern auch zu spüren.

Auch in der Schule wurde es immer schlimmer. Statt der morgendlichen Gebete sagten die Schüler nun HJ-Sprüche auf, die Kruzifixe verschwanden – am selben Nagel hing jetzt das Adolf-Hitler-Bild – und wenn an Feiertagen der Nazis die erste Strophe des Deutschlandlieds und das Horst-Wessel-Lied gesungen wurde, mussten wir den Klassenraum verlassen.

Meine Klassenlehrerin, Fräulein Kohlpott, war uns freundlich gesinnt – bei ihr saß ich vorne in der zweiten Bank. Aber die Hälfte von den zehn, zwölf Lehrern waren überzeugte Nazis. Die Lehrer Messner und Rüther, die in ihrer SA-Uniform in der Schule erschienen, verwiesen mich in ihrem Unterricht sofort in die letzte Bank, wo ich mich am nächsten Morgen auch wieder hinsetzen wollte. Dann forderte mich Fräulein Kohlpott wiederum auf: »Hier vorne hin!«

Als Rüther, bei dem wir Sportunterricht hatten, einmal beobachtete, wie ich in einer Pause mit einem Schulfreund Boxübungen machte, höhnte er: »Sieh da, Juden können sogar boxen?« Die Nazis stellten die Juden als die größten Feiglinge aller Zeiten dar. »Ein feiger Jude boxt mit einem deutschen Jungen. Beim nächsten Turnunterricht werden wir in die Schützenhalle gehen und boxen.«

In der folgenden Stunde führte er uns tatsächlich in die große Halle, in deren Mitte, wo sonst die Musik spielte, so etwas wie ein Boxring stand. Rüther packte die mitgebrachten Boxhandschuhe aus und ließ mich gegen die anderen Schüler antreten. Es wurde regelgerecht geboxt: jede Runde zwei Minuten, danach eine Minute Pause. Obwohl er immer größere und scheinbar stärkere Gegner in den Ring schickte, konnten sie mich nicht unterkriegen. Das war eine große Genugtuung für mich.

Rüther, der sich furchtbar aufregte, beschimpfte die anderen Jungen: »Gegen so einen feigen Juden könnt ihr nicht ankommen? Das ist ja eine Schande!«

Triumphierend kehrte ich nach der Schule zurück, um meinen Eltern sofort von dem Erfolg zu berichten. Im ersten Moment strahlte mein Vater über das ganze Gesicht, dann aber wandte er sich ernst an mich: »Meinst du, du hast es richtig gemacht?«

»Ja«, behauptete ich fest, »ich werde mich weiter wehren.«

Wenig später beleidigte mich auf dem Heimweg von der Schule einer meiner Mitschüler mit den Worten: »Juden-Itzig, Nasen spitzig.« Sofort ließ ich meinen Tornister vom Rücken fallen und stürzte mich auf ihn.

Kaum war ich zu Hause, stellte mich mein Vater, der uns von unserem Grundstück aus gesehen hatte, zur Rede: »Was ist da gewesen?«

»Der hat mich beleidigt, hat Hetzworte gegen uns gesagt … und da habe ich ihn verprügelt.«

»Das war das letzte Mal!«, wies mein Vater mich zurecht. Er verbot mir ein derartiges Verhalten für alle Zeiten. Juden seien zwar praktisch entrechtet, aber: »Wir sind Juden und stolz darauf – auch ohne Rechte!«

Nur wenige Menschen in Schmallenberg ließen sich trotz alledem nicht einschüchtern und hielten weiter zu uns, wie unser Nachbar Daniel Marburger, ein Bauunternehmer. Er half meinem Vater, die Kanalisation unseres Hauses, das vorher ein Drei-Kammer-System hatte, in einer nächtlichen Aktion an die neu gebaute Reichsbahnkanalisation anzuschließen. Dabei wurden sie von Ferdinand Hütemann, einem städtischen Angestellten und NSDAP-Parteimitglied, beobachtet und angezeigt. Die Anschlüsse mussten wieder herausgerissen werden, aber Marburger erledigte das so geschickt, dass es hinterher trotzdem noch funktionierte. Er hatte nichts gegen Juden, und dies bescherte ihm sogar einen Artikel in dem Hetzblatt »*Der Stürmer*«[3], in dem er als »Judenfreund« denunziert wurde.

Erste Verhaftungen

1937 wurde mein Vater während der Feiern zum Versöhnungstag aus der Synagoge heraus verhaftet. Er kehrte jedoch nach einigen Stunden wieder zurück und erzählte, dass die christlichen Viehhändler ihn denunziert hatten. Ihr Vorwurf, er habe angeblich in Fredeburg die Viehwaage manipuliert und die Bauern betrogen, konnte durch die Aussage des Besitzers der Waage, der gleichzeitig Wiegemeister war, schnell entkräftet werden. Dieser hatte unter Eid ausgesagt, dass mein Vater die Waage nie berührt habe, dass kein Tier über die Waage gegangen sei, das er nicht selbst gewogen habe.

Im selben Jahr wurde auch Julius Goldschmidt verhaftet. Er besaß eine Metzgerei und fuhr jedes Wochenende über die Dörfer, um das Fleisch zu verteilen. Im Dorf Rehsiepen, zwanzig Kilometer von

3 „Der Stürmer« war eine 1923 von Julius Streicher gegründete antisemitische Wochenzeitung. Ihr Motto lautete: »Die Juden sind unser Unglück!« Nach 1933 gab es im Deutschen Reich die sogenannten Stürmer-Kästen – Schaukästen, in denen die aktuelle Ausgabe zu lesen war.

Schmallenberg entfernt, hatte ihn ein 16- oder 17-jähriges Mädchen gefragt, ob er sie im Auto mitnehmen könne, sie wolle Schuhe kaufen. Julius Goldschmidt ließ das Mädchen mit nach Schmallenberg fahren, wo sie ins Schuhgeschäft Tillmann ging.

Frau Falke-Tillmann, die Schwester des Ortsgruppenleiters Gilsbach, fragte sie prompt neugierig: »Wie kommst du um diese Zeit noch nach Schmallenberg?«

»Ich bin mit dem Goldschmidt mitgefahren.«

»Und, was hat der Goldschmidt mit dir gemacht?«

»Da war nichts.«

Aber Frau Falke-Tillmann bohrte weiter: »Was, der hat dich nicht angefasst?«

»Doch, der hat mir mal auf die Schulter geklopft oder so was.«

Die Schwester des Ortsgruppenleiters zeigte Julius Goldschmidt wegen »Rassenschande« an. Die örtlichen Nazis hatten ihn wohl schon auf dem Kieker gehabt, denn er war ein Mensch, der sich nichts gefallen ließ. Einige Zeit vorher hatte er sich mit einem SA-Mann aus Schmallenberg – Seppels Emil genannt, ein kleinwüchsiges Kerlchen, immer ohne Geld in der Tasche, aber mit Uniform – im Lokal Wüllner den Spaß erlaubt, ihm öffentlich zehn Mark zu geben: »Da haste zehn Mark, besauf dich heute mal ordentlich!« Seppels Emil, der das Geld in voller SA-Montur tatsächlich angenommen hatte, war dafür zur Parteileitung vorgeladen und zur Schnecke gemacht worden.

Die Geschehnisse bei Julius Goldschmidts Verhaftung haben sich mir tief eingeprägt. Am Abend zog eine Menschenmenge singend durch unsere Straße: »Wenn das Judenblut vom Messer spritzt, dann geht's noch mal so gut.« Im Haus von Goldschmidt zertrümmerten sie die Metzgerei und verwüsteten die Wohnung, bevor sie ihn verhafteten. Er wurde zu sechs Monaten Zuchthaus wegen »Rassenschande« verurteilt und nach Verbüßung seiner Strafe direkt in das Konzentrationslager Sachsenhausen verschleppt.

1937 setzte auch die sogenannte *Arisierung* ein. In Schmallenberg mussten mehrere Juden ihre Geschäfte wegen Umsatzeinbußen schließen, und auch das Geschäft meines Vaters lief immer schlechter. Dennoch wollte er nicht einfach aufgeben. Im Oktober 1938 wurden aber schließlich alle jüdischen Viehhandelsgeschäfte im Sauerland zwangsweise geschlossen, indem die Behörden die Wandergewerbescheine der Juden einzogen. Einige Viehhändler konnten zwar unter dem Vorwand, Landwirtschaft zu betreiben, noch weiter einzelne Tiere kaufen, aber die Gefahr denunziert zu werden, wuchs. Sobald ein Jude gesehen wurde, der mit einer Kuh durch den Ort zog, wurde am nächsten Tag überprüft, ob die Kuh gewerblich oder für die Landwirtschaft gekauft worden war. Die Denunzianten waren meist die »arischen« Viehhändler, die jetzt Oberwasser bekamen.

Kurze Zeit später wurden im Sauerland die ersten Viehgenossenschaften gegründet, bei denen die Bauern zwangsweise das Vieh abliefern mussten, sodass sie die direkte Kontrolle über den Verkauf verloren. Sie wussten nicht, auf welchen Märkten ihr Vieh angeboten wurde, und bekamen erst nach acht Tagen die Abrechnung. Wenn sie uns früher Vieh verkauft hatten, war zu einem festen Termin geliefert und immer sofort bar bezahlt worden.

Meinen Vater traf es sehr hart, als er ab Oktober 1938 nicht mehr auf die Dörfer durfte. Neben dem Viehhandel stand auf den meisten Gewerbescheinen allerdings noch der Handel mit Fellen, sodass die Frankenthals sich am Leben erhalten konnten, indem sie von den Bauern, die selbst schlachteten, die Felle aufkauften.

Der Pogrom

Am 10. November 1938 ging ich wie immer zur Schule. Ich war im Sommer zwölf Jahre alt geworden und im sechsten Schuljahr. Vor der Mittagspause stürmten ungefähr zehn SA-Männer in Uniform schreiend in das Klassenzimmer: »Befinden sich in Ihrer Schule Judenkinder?«

»Selbstverständlich sind hier jüdische Kinder!«, betonte Rektor Bergental, mein Klassenlehrer, ruhig. Er war streng katholisch, aber kein Antisemit. Als die SA ihn anherrschte: »Die Judenkinder sind verhaftet!«, betätigte er die Pausenklingel. Später erklärte er mir, er habe gehofft, dass die SA uns beim Rauslaufen vielleicht nicht alle erwischen würde, aber der Schuleingang war abgesperrt. Alle elf jüdischen Kinder zwischen sechs und dreizehn Jahren wurden festgenommen.

Im Amtshaus, in das wir verfrachtet wurden, traf ich meinen Vater, der zusammen mit den anderen jüdischen Männern verhaftet worden war. Als ich von ihm wissen wollte, was das alles zu bedeuten habe, erwiderte er nur: »Man hat uns die Synagoge angezündet, man demoliert unsere Wohnungen ...«

Bei Onkel Emil, der noch eine Metzgerei betrieb, hatten sie das Schaufenster mit der Axt eingeschlagen und das Fleisch aus den Auslagen auf die Straße geworfen. Onkel Sallys Wohnung war ebenfalls demoliert und er selbst zusammengeschlagen und fürchterlich misshandelt worden. Bei Onkel Ernst in Duisburg hatten sie bereits in der Nacht gewütet, die Federbetten aufgeschlitzt und das Klavier aus dem Fenster geschmissen. Die Nazis nannten das beschönigend »*Reichskristallnacht*«.

Im Laufe des Tages trafen auch alle übrigen Juden im Amtshaus ein, mit einer Ausnahme. Artur Stern erzählte später, dass er, als er in Elberfeld von den Aktionen erfuhr, zum Bahnhof gegangen sei, sich in einen Zug gesetzt und zwei Tage kreuz und quer durch Deutschland gefahren sei – so war er den Nazis entwischt.

Gegen Abend wurden die Frauen und jüngeren Kinder entlassen und nach Hause geschickt, während man die Männer ins Obdachlosenasyl sperrte. Auch mein 14-jähriger Bruder Ernst wurde mitgenommen. Am Abend konnten wir ihnen dort noch Essen vorbeibringen, aber am nächsten Morgen kehrte meine Mutter völlig ratlos nach Hause zurück. Sie hatte niemanden mehr angetroffen.

Später am Tag tauchte Polizeimeister Krawitz bei uns auf, der ihr erklärte, dass er die Männer nach Dortmund in die Steinwache, das Gestapogefängnis, überführt habe. Krawitz überreichte meiner Mutter einen kleinen Zettel von meinem Vater, auf dem stand: »Wir werden jetzt weggebracht, unternimm nichts ohne mich.«

Schmallenberg, den 10. November 1938.

Funkspruch!

Aufgenommen: 9,50 Uhr von Holthaus.
mitgeteilt vom Landratsamt Meschede (Frl. Lonhardt)

-.-.-.-.-.-.-

Dortmund 4 Verteiler B

Betr. Maßnahmen gegen Juden!

Für die Behandlung von antisemitischen Kundgebungen ergehen folgende Anordnungen:

1. Es dürfen nur solche Maßnahmen getroffen werden, die keine Gefährdung deutschen Lebens oder Eigentums mit sich bringen.
2. Geschäfte und Wohnungen von Juden dürfen lediglich zer= stört, nicht geplündert werden.
3. Ausländische Juden dürfen nicht belästigt werden.
4. Jegliche Brandlegungen sind auf ausdrücklichen Befehl allerhöchster Stellen zu verhindern.
5. Demonstrationen sind, soweit die Anordnungen von 1 - 4 innegehalten werden, nicht von der Polizei zu verhindern, sondern auf die Einhaltung der Anordnung zu überwachen.
6. Jn allen Synagogen und Geschäftsräumen der jüdischen Kultusgemeinden ist das vorhandene Archivmaterial po= lizeilich zu beschlagnahmen, damit nichts zerstört wird.
7. Sobald wie möglich, sind in den dortigen Bezirken ins= besondere einflußreiche und vermögende männliche Juden gesund und nicht zu hohen Alters festzunehmen und zwar soviel, wie in den vorhandenen Hafträumen untergebracht werden können.

Über Vorkommnisse und das Veranlaßte ist laufend zu berichten.

8. Nach diesseitig erfolgter Rücksprache mit der Gauleitung sind zu den örtlichen Dienststellen der NSDAP Verbin= dungen aufzunehmen.

Stapo Dortmund.

In der Pogromnacht 1938 wird der reichsweit organisierte Terror gegen die jüdischen Gemeinden behördlich koordiniert. In Schmallenberg erhält Amtsinspektor Holthaus über das Landratsamt in Meschede die Anweisungen der Staatspolizei Dortmund.
Stadtarchiv Schmallenberg, Bestand Stadt/Amt Schmallenberg B 1502; Special-Akten des Amtes Schmallenberg betreffend Kulturangelegenheiten, Juden

Einige Tage später stand Amtsinspektor Holthaus vor der Tür und befahl meiner Mutter, alle jüdischen Frauen für den Abend in unsere Wohnung zu bestellen. Es war schon dunkel, als Ortsgruppenleiter Gilsbach, Amtsbürgermeister Riese, Amtsinspektor Holthaus und der hohe SA-Funktionär Tigges vor den versammelten Frauen in unserem Wohnzimmer erschienen. In der Ecke sitzend konnte ich Holthaus, der das Wort führte, die ganze Zeit beobachten.

»Wir haben hier Schriftstücke vorbereitet, aus denen hervorgeht, dass ihr euer gesamtes Vermögen an verdiente Parteigenossen verkauft.«

Er hatte noch nicht ganz ausgeredet, da fuhr meine Mutter dazwischen: »Ich – und wir alle – unterschreiben ohne unsere Männer nichts!«

Holthaus musterte sie kalt von oben bis unten: »Wenn ihr heute Abend nicht sofort unterschreibt, seht ihr eure Männer nicht lebend wieder. Sie sind bereits von Dortmund aus in das Konzentrationslager Sachsenhausen bei Berlin überführt worden.«

Er fuhr fort, dass die Männer zwecks Bestätigung der Verkäufe aus dem KZ entlassen werden könnten, aber dafür müssten die Frauen erst unterschreiben. Das war Erpressung.

Bevor die ungebetenen Gäste das Haus wieder verließen, gaben sie noch bekannt, wer die Käufer – die »Arisierer« – waren. Die Häuser und Vermögen von Schmallenberger Juden wurden unter den eifrigsten Nazis im Ort aufgeteilt, und diejenigen, die die Unterschriften erpresst hatten, bedienten sich als Erste: Das gesamte Vermögen meiner Eltern übernahm die Stadt, das Haus meiner Onkel Sally und Julius mitsamt der Metzgerei von Onkel Emil »erwarb« Amtsinspektor Holthaus.

Als wir allein waren, fragte ich meine Mutter: »Warum hast du das getan, obwohl Vater gesagt hat, du sollst nichts ohne ihn unternehmen?«

Sie erwiderte: »Was ist ein Vermögen, ein Haus, gegen ein Menschenleben?«

Die Synagoge in Schmallenberg vor ihrer Zerstörung
Privatarchiv Hans Frankenthal, Jüdisches Museum Berlin

»Ich hätte nicht geglaubt, wozu die Deutschen fähig sind!«

Die nichtjüdische Bevölkerung der Stadt hatte die Geschehnisse um den 10. November einfach hingenommen, niemand hatte protestiert. Mit einer Ausnahme: Dina Falke, die Mutter des Fabrikanten Franz Falke, hatte auf der Straße gestanden und geschimpft, was denn die Juden den Leuten angetan hätten. Sie war von ihren Angehörigen ganz schnell ins Haus geholt worden. Die meisten Schmallenberger verhielten sich entweder abwartend oder begrüßten und unterstützten die Aktionen, wie der Viehhändler Robert Krämer, der – so wurde erzählt – der SA das Stroh zum Anzünden der Synagoge geliefert hatte. Das war nicht unwahrscheinlich, denn er hatte viele Vorteile von der Verdrängung der jüdischen Händler vom Markt. Schon 1937 war er beobachtet worden, wie er nachts von der Wirtschaft aus zum Geschäft von Max Stern gegangen war und dort mit seinem Stock alle Scheiben eingeschlagen hatte.

Ernst wurde aufgrund seiner Jugend – er war gerade erst 14 Jahre alt – bereits nach wenigen Tagen aus der Haft entlassen, die Männer kehrten erst am 28. November spät abends zurück. Mein Vater war ein gebrochener Mann. Mit kahl geschorenem Kopf und völlig zerknitterter Kleidung saß er am Tisch. Unsere auf ihn einstürmenden Fragen, wo er gewesen sei, was man mit ihm gemacht habe, ignorierte er und wiederholte nur ab und zu die Worte: »Raus aus diesem Land!« und: »Ich darf nichts sagen, und ich sage nichts.« Obwohl ich immer wieder nachhakte, erhielt ich stets die gleiche Antwort. In derselben Nacht schlich sich Daniel Marburger, der gehört hatte, dass mein Vater wieder zurück war, durch den Hintereingang zu uns ins Haus und stellte ihm die gleiche Frage: »Wo bist du gewesen, was hat man mit euch gemacht?« Marburger ließ nicht locker, bis sich mein Vater nicht mehr zu helfen wusste und erwiderte: »Ich hätte nicht geglaubt, wozu die Deutschen fähig sind.« Mehr war aus ihm nicht herauszubekommen.

Am nächsten Tag mussten sich die Entlassenen bei Amtsinspektor Holthaus melden, um ein Schriftstück zu unterschreiben, in dem

Schmallenberg, den 6. Dezember 1938.

Auf Vorladung erscheint der Jude

.....Max Frankenthal..........................

geboren am 14. 2. 1883.. in Schmallenberg

wohnhaft in .Schmallenberg, Oberringhauserstr. 14

und erklärt:

Mir ist eröffnet worden, daß ich meine Auswanderung sowie die meiner Familienangehörigen, Ehefrau und [illegible]... Kinder, ungesäumt zu betreiben habe. Die Auswanderung hat innerhalb einer Frist von 14 Tagen, im Höchstfalle von 3 Wochen - gerechnet vom Zeitpunkt der Eröffnung - zu erfolgen; zum mindesten muß ich bei Ablauf dieser Frist Unterlagen vorweisen, aus denen zu ersehen ist, daß meine Versuche zur Auswanderung greifbare Formen angenommen haben.

Kann ich diesen Nachweis nicht erbringen, und verzögere ich meine Auswanderung und die meiner Angehörigen absichtlich, so habe ich mit einer erneuten Inschutzhaftnahme bezw. mit anderen staatspolizeilichen Maßnahmen zu rechnen.

v. g. u.

Max Frankenthal

g. w. o.

[illegible]

Amtsinspektor

Ehefr. Adele Mayer geb. 21.1.86 in Bielefeld

Josef F. 18.7.24 Schm

Inge F. 15.6.26 Schm

2

Protokoll der Vorladung von Max Frankenthal vom 6. Dezember 1938 nach seiner Entlassung aus dem KZ Sachsenhausen; betrifft die Verkündung der befristeten Nachweispflicht über das Betreiben der zwangsweisen Auswanderung

Stadtarchiv Schmallenberg, Bestand Stadt/Amt Schmallenberg B 1502; Special-Akten des Amtes Schmallenberg betreffend Kulturangelegenheiten, Juden

sie sich einverstanden erklärten, ihren Besitz »zu verkaufen«. Für unser Wohnhaus mit Stallungen und Hofplatz, die sechs Morgen Wiese, die Heu und Futter für das Handelsvieh lieferten, und unser gesamtes Vermögen bekam unsere Familie lächerliche 13 000 Reichsmark. Davon wurden 5000 Reichsmark auf ein von der *Gestapo* verwaltetes Sperrkonto eingezahlt, von dem mein Vater monatlich 250 Reichsmark abheben durfte. Die restlichen 8000 Reichsmark gingen an die Oberfinanzdirektion nach Münster: Die jüdische Bevölkerung musste nicht nur die angerichteten Schäden der »Reichskristallnacht« beheben, sondern darüber hinaus noch eine »Sühneleistung« in Höhe von einer Milliarde Reichsmark aufbringen.

Mein Vater hatte sich noch gefragt, wie die jüdische Bevölkerung so viel Geld zusammenbringen sollte, aber wenig später wurde deutlich, in welchem Ausmaß die Nazis sich mithilfe der »Arisierungen« diese Werte ganz einfach raubten.

Alle Entlassenen mussten sich verpflichten, Deutschland innerhalb weniger Wochen mitsamt ihren Familien zu verlassen, oder zumindest nachweisen, dass sie sich um eine Ausreise bemüht hatten – anderenfalls würden sie wieder in Haft genommen und ins Konzentrationslager eingeliefert.

Meine Eltern versuchten in der folgenden Zeit alles nur Denkbare, um eine Ausreise zu ermöglichen. Der Plan, Ernst und mich mit einem der *Kindertransporte nach England*[4] zu schicken, scheiterte. Ich erinnere mich zwar noch an große schwarze, mit unseren Namen beschriftete Koffer, aber die Freunde meines Vaters wandten ein, dass man seine Kinder nicht allein so weit in die Welt schicken sollte. Sie beruhigten ihn, der Nationalsozialismus sei nur eine kurze Erscheinung, Hitler würde den Krieg anfangen und nach einem halben Jahr sei dann alles vorbei. Den genauen Grund weiß ich nicht, jedenfalls ist es nicht mehr gelungen, Ernst und mich mit diesen Transporten in Sicherheit zu bringen.

4 Nach dem Novemberpogrom 1938 und bis zum Kriegsbeginn 1939 organisierten britische Hilfskomitees und die jüdischen Gemeinden die Ausreise von etwa 10 000 jüdischen Kindern aus Deutschland nach Großbritannien.

Als schließlich ein Vetter zweiten Grades in Amerika im Sommer 1939 die für die Auswanderung erforderliche Bürgschaft über 250 Dollar pro Person schickte, machten der Überfall auf Polen und der Beginn des Zweiten Weltkriegs eine Flucht unmöglich – aber bis dahin sollte noch einiges geschehen.

Ein Erlass folgte dem nächsten: Wir mussten die zusätzlichen Namen *Sara* oder *Israel* annehmen, wir durften nur noch zwei Stunden am Tag einkaufen, abends nach acht Uhr nicht mehr auf die Straße gehen, die Balkone nicht mehr betreten … – alles war uns verboten. Irgendwann wusste man gar nicht mehr, was noch gestattet war. Das Leben wurde von Tag zu Tag schwerer.

Als Anfang 1939 den Juden jedes freie Arbeiten verboten wurde, zog die Stadt diejenigen, die älter als sechzehn Jahre waren, zwangsweise zu schwerer körperlicher Arbeit heran. Die Juden in Schmallenberg mussten beim »*Arbeitseinsatz*« im Wald und in den Steinbrüchen schuften oder Feuerlöschteiche für den erwarteten Krieg ausheben. Mein Vater arbeitete so lange in der Dachpappenfabrik seines Freundes Karl Pieper, bis diesem untersagt wurde, Juden zu beschäftigen. Als er danach für die Stadt arbeiten musste, war dies sehr demütigend für ihn. Sein Bruder Emil erlitt durch die ungewöhnlich harte Arbeit einen Hirnschlag und starb.

Aber nicht nur die Stadt, auch Einzelpersonen nutzten die Juden als Arbeitskräfte für sich aus. Der faule Ortsbauernführer Josef Gilsbach, ein Bruder des Ortsgruppenleiters Hermann Gilsbach, wandte sich, als er die Runkeln bei Einbruch des Winters immer noch nicht aus der Erde hatte, an die Stadt und forderte Arbeitskräfte an. Die Stadt schickte ihm eine jüdische Arbeitskolonne.

Meine Mutter litt furchtbar unter der Situation. Mehrere Male versuchte sie, sich das Leben zu nehmen. Ernst, der ein engeres Verhältnis zu ihr hatte als ich, war ihr schon mehrfach auf den Speicher gefolgt und hatte sie gerade noch davon abhalten können. Ich beobachtete die beiden oft, wie sie ausführlich über die Verfolgungen sprachen, aber ich war damals wohl noch zu jung, um das ganze Ausmaß der Bedrohung überblicken zu können.

Die Bar Mizwah

Im Juni 1939 feierte ich meine Bar Mizwah. Dieses Fest, das an dem Sabbat gefeiert wird, der auf den dreizehnten Geburtstag folgt, bedeutet im Judentum die Aufnahme des Jungen in den Kreis der Männer der Gemeinde. Üblicherweise werden an einem Sabbat in der Synagoge sieben Männer aufgerufen, von denen jeder ein Stück des Wochenabschnitts aus der Thora liest. Bei der Bar Mizwah wird ein Junge zum ersten Mal aufgerufen, um den letzten Abschnitt zu lesen. Außerdem muss er das ganze Tischgebet aufsagen können, was ungefähr zehn Minuten dauert – wenn man das Hebräisch richtig und deutlich ausspricht, sogar noch länger.

Schon 1938, noch vor der Pogromnacht, war ich in den Ferien vier Wochen lang nach Berleburg zu Lehrer Stern gefahren, der mich in Privatstunden auf dieses wichtige Ereignis vorbereitet hatte. Als meine Bar Mizwah nun immer näher rückte, beriet ich mit meinem Vater das Problem, dass es in Schmallenberg keine Thorarolle mehr gab, aus der ich hätte vorlesen können. Die SA hatte sie in der Pogromnacht zusammen mit anderen Wertgegenständen aus der Synagoge gestohlen, bevor sie das Gebäude nieder brannten. Mein Vater erinnerte sich, dass Onkel Aaron, ein Metzger in Altenhundem, eine Thorarolle im Hause aufbewahrte, und schlug vor, ich solle doch hinfahren und ihn fragen, ob ich sie mir leihen könne.

Am Wochenende schwang ich mich auf mein Fahrrad und radelte die ungefähr achtzehn Kilometer zu Onkel Aaron. Als ich ihm mein Problem geschildert hatte, schüttelte er bedauernd den Kopf. Er habe zwar eine Thorarolle, die er mir auch geben würde, aber diese sei *põsel*. So werden Thorarollen bezeichnet, deren handgeschriebene Buchstaben nicht mehr deutlich zu lesen sind. Manchmal können Thoraschreiber die undeutlichen Stellen nachschreiben, aber wenn die gesamte Tusche brüchig ist, weil die Rolle beispielsweise feucht gelagert wurde, ist sie unbrauchbar. Wie jeder Gegenstand, in dem der Name Gottes geschrieben steht, wird sie dann nach jüdischem Ritus wie ein Mensch beerdigt.

Mein Problem schien unlösbar – ich brauchte für meine Bar Mizwah natürlich eine intakte Thorarolle. Aber nach einigen Minuten des Grübelns traf ich eine Entscheidung: »Besser eine, die pösel ist, als gar keine. Es ist so viel pösel in Deutschland, da kommt es darauf auch nicht mehr an.« Bedächtig, aber schmunzelnd nickte Onkel Aaron. Vorsichtig packten wir die Thorarolle ein und ich machte mich auf den Rückweg nach Schmallenberg.
Fieberhaft wartete ich auf den 15. Juni, meinen Geburtstag, und den darauffolgenden Sabbat. Da unsere Synagoge zerstört war, hatten wir in unserem Haus in der Obringhauserstraße einen notdürftigen Betraum eingerichtet. Dort feierten wir in einem engen Kreis von Verwandten und Bekannten, die noch nicht ausgewandert waren, meine Bar Mizwah. Für mich war es ein wunderschöner Tag, aber wenn ich heute zurückdenke, fällt mir auf, wie grausam dieser Tag für meine Eltern gewesen sein muss, denn sie hatten den Vergleich zu solchen Feierlichkeiten in Freiheit vor Augen.

Die »Judenhäuser«

Im Sommer 1939 mussten wir innerhalb kürzester Frist unser von der Stadt »arisiertes« Haus verlassen und, ebenso wie die anderen zehn jüdischen Familien, in eines der drei sogenannten Judenhäuser umziehen. Diese Gebäude, deren Haustüren mit einem Davidstern gekennzeichnet waren, durften abends nicht abgeschlossen werden, und in jedem Flur musste eine Liste mit den Namen aller Bewohner hängen, sodass jeder kleine Polizist abends und nachts in die Wohnungen eindringen und nachzählen konnte.

Wir bekamen drei Zimmer und eine Küche zugeteilt, trotzdem fiel die Umstellung besonders meiner Mutter sehr schwer. Sie litt oft unter Kopfschmerzen, die anfangs von unserem Hausarzt Dr. van Ackern heimlich behandelt wurden. Als die Kopfschmerzen fast unerträglich wurden und meine Mutter Sehstörungen bekam, überwies er sie an das einzige noch für Juden zugelassene Krankenhaus in Köln. Mein Vater und ich begleiteten sie zu den Untersuchungen. Sie bekam Bestrahlungen und ich erinnere mich daran, wie mir nach einiger Zeit auffiel, dass sie an einer Kopfseite immer mehr Haare verlor. Doch mit uns Kindern wurde nicht offen darüber gesprochen, was die Untersuchungen ergeben hatten.

Nach der Pogromnacht war es den jüdischen Kindern untersagt worden, die katholische Schule zu besuchen, weshalb ein Ersatz organisiert worden war. Ab Sommer traf sich unsere Klasse – elf Mädchen und Jungen, die vom Religionslehrer Stern unterrichtet wurden – in einem der »Judenhäuser«. Er hatte aus Berleburg noch einen zwölften Schüler mitgebracht: Rolf Goldschmidt, ein uneheliches Kind, dessen Vater »Arier« war, sodass er nach den Nürnberger Rassegesetzen von 1935 als »Halbjude« galt. Sein Vater hätte ihn schützen können, wollte aber nicht zugeben, dass Rolf sein Sohn war. Die Mutter und die Großeltern waren zu stolz, öffentlich darauf zu bestehen.

Im Sommer 1940 schloss die Gestapostelle Dortmund unsere Zwergschule und verteilte die noch schulpflichtigen Schüler auf jüdische Schulen in Dortmund und Münster. Das war für die sieben- bis dreizehnjährigen Kinder, die man von ihrer Familie trennte und bei fremden Leuten unterbrachte, sehr bedrückend. Ich war gerade vierzehn Jahre alt geworden, meine Schulpflicht endete, und mein Vater entschied, mich nach Dortmund in eine der drei von der jüdischen Gemeinde 1937 errichteten Lehrwerkstätten zu schicken. Dort wurden Jungen zu Schlossern und Schreinern, Mädchen zu Schneiderinnen ausgebildet.

Ich traf glücklicherweise meinen Bruder, der bereits seit einem halben Jahr in der Schlosservorlehre war. Das erleichterte mir die Trennung von meinen Eltern ein wenig. In den Werkstätten, die dafür eingerichtet worden waren, junge Juden zu Zionisten zu erziehen und auf die Auswanderung nach Palästina vorzubereiten, erhielten wir neben der handwerklichen Ausbildung auch Unterricht über das

Land, lernten Englisch, *Iwrith*[5] und andere für die Auswanderung nützliche Dinge.

»Räder müssen rollen für den Sieg …«

Im Mai 1941 teilte der Vorstand der Jüdischen Gemeinde uns mit, dass die Schule von der Gestapo Dortmund geschlossen worden sei und wir uns bei den Arbeitsämtern in unseren Heimatorten melden sollten.

Weil Juden normalerweise die Benutzung öffentlicher Verkehrsmittel verboten war, erhielten wir eine besondere Fahrerlaubnis von der Gestapo, mit der Ernst und ich uns auf den Weg nach Schmallenberg begaben. Dort meldeten wir uns, wie befohlen, beim Arbeitsamt und erhielten die schriftliche Aufforderung, sofort am nächsten Tag bei der Straßenbau-Firma Lahrmann in Meschede zu erscheinen. Diese Firma war ganz neu, höchstens ein halbes Jahr alt. Ihr Chef Ferdinand Lahrmann war in Arolsen beim Landschaftsverband beschäftigt gewesen, hatte sich danach selbständig gemacht und nutzte seine alten Verbindungen, um an Aufträge im Waldecker Land zu kommen.

Nachdem Lahrmann uns persönlich in Empfang genommen hatte, wurden wir zu einer Baustelle in Höringhausen gefahren, zehn Kilometer von Korbach entfernt. Dort trafen wir unseren Vater wieder, der mit uns zusammen in einer Kolonne arbeitete. Unsere Mutter sahen wir in der folgenden Zeit nur selten. Wir machten uns große Sorgen, sie allein zu lassen, aber in besonderen Erlassen war festgelegt worden, dass Juden, die weiter als sieben Kilometer von ihrem Heimatort entfernt arbeiteten, nicht mehr zurückkehren durften. Sie sollten getrennt von den »Ariern« in geschlossenen Unterkünften untergebracht werden.

5 Das Wort bezeichnet die hebräische Sprache, die zunächst Jahrhunderte lang vor allem die Sprache des Gebets und die Schriftsprache der Gelehrten war. Im 19. Jahrhundert neu belebt, entwickelte sie sich wieder zur gesprochenen Sprache und ist eine der Amtssprachen des Staates Israel.

Unsere Arbeitskolonne, dreizehn jüdische Männer aus Schmallenberg und Brilon, wurde in zwei Wohnwagen gezwängt, in die die Firma Lahrmann zweistöckige Betten einbauen ließ. Es war nicht einmal möglich, zusammen zu sitzen oder zu stehen. Im Sommer drohte uns die muffige Luft zu ersticken, im Winter erfroren wir fast, da die Wände nur aus dünnen Brettern bestanden. Wir versuchten die Wagen mithilfe eines kleinen Ofens mit Dampfwalzenbriketts zu beheizen, aber wenn wir richtig einheizten, sammelte sich die Feuchtigkeit an den Innenwänden. Wir mussten Packpapier unter die Decke klemmen, damit es uns nicht auf die Köpfe tropfte – und später in der Nacht, wenn der Ofen ausgegangen war, wurde es so kalt, dass unsere Decken an den Wänden festfroren.

Obwohl die Arbeit beim Straßenbau schon für die erwachsenen Männer sehr anstrengend war, wurden für uns Jugendliche die Jugendschutzbestimmungen aufgehoben – wir unterlagen den gleichen Arbeitsbedingungen wie die Erwachsenen. Ich musste mit knapp fünfzehn Jahren täglich zwölf bis vierzehn Stunden an der noch handbetriebenen Teerspritze schuften. Während Max und Emil Stern, Vettern meines Vaters, pumpten, verteilte ich den Teer, bevor der Schachtmeister Beerhorst mit meinem Bruder absplittete. Der Rest der Arbeitskolonne musste das Material heranbringen. Beerhorst beaufsichtigte unsere Arbeit. Er plauderte immer freundlich mit der Gestapo, die zur Kontrolle erschien, und war uns – milde gesagt – nicht gerade freundlich gesinnt. Er arrangierte die Arbeit immer so, dass uns der kochend heiße Teerdampf ins Gesicht wehte. Damit der uns unsere Haut nicht völlig kaputt fraß, rührten wir aus Wasser und Erde Lehm an, mit dem wir unsere Gesichter beschmierten.

Ab September 1941 mussten wir gelbe, sechszackige Stoffsterne sichtbar an unserer Kleidung tragen. Es war verboten, sich ohne diese Kennzeichnung draußen aufzuhalten – was natürlich auch auf der Baustelle galt. Oft wischte ich mit der dreckigen Teerhand über den gelben Stern, aber das half ja nichts: Jeder konnte uns als Judenkolonne erkennen.

Monat um Monat verging und in den heißen Sommertagen des Jahres 1942 war die Arbeit besonders anstrengend. Wir hatten bereits seit morgens um sieben Uhr geschuftet, immer in der Hitze des Teers und gleichzeitig die glühende Sonne auf dem Kopf. Nachmittags war ich völlig am Ende. Ich ließ die Teerspritze fallen, schleppte mich an den Straßengraben und fiel stöhnend ins Gras: »Aus, ich kann nicht mehr, ich will nicht mehr.«

Und wie es das Unglück will, kam in diesem Moment Ferdinand Lahrmann vorbei, der sich sofort empört an Beerhorst wandte: »Was ist denn mit dem da?«

»Der hat schlapp gemacht. Behauptet, er könne nicht mehr.«

Da erwiderte Lahrmann wortwörtlich: »Drehen Sie die Schüppe um und schlagen Sie drauf!«

Obwohl das vielleicht der Umgangston auf den Baustellen war, klang das in unseren Ohren besonders bedrohlich.

Neben den harten Arbeitsbedingungen und der katastrophalen Unterbringung hatten wir noch ein anderes großes Problem: unsere Versorgung mit Nahrungsmitteln. Die Zuteilungen, die wir seit 1939 auf unsere Lebensmittelkarten bekamen, reichten bei Weitem nicht aus. Die Karten, auf denen ein »J« für »Jude« eingestempelt war, galten nicht für Milch, Butter, Hülsenfrüchte und Fleisch. Das, was wir erhielten, war zum Leben zu wenig und zum Sterben zu viel. Die jüdischen Menschen, die in die Arbeitskolonnen gezwungen wurden, litten Hunger, wenn es ihnen nicht gelang, nebenbei zusätzliche Lebensmittel zu organisieren. Viele waren nach wenigen Monaten völlig abgemagert und erschöpft.

Um uns und auch die anderen Schmallenberger Juden bei Lahrmann besser versorgen zu können, ging mein Vater zu Dr. van Ackern, der als Gegner der Nazis keine Bedenken hatte, ihn krank zu schreiben. So fand mein Vater Zeit, nachts heimlich zu seiner früheren Kundschaft zu wandern, um unsere letzten Wertgegenstände, die wir nach der Pogromnacht zurückbehalten hatten, einzutauschen oder auch zu betteln. Neben dem zusätzlichen Essen, das er uns so besorgte, erhielten wir auch noch Hilfe von einigen Menschen aus Schmallenberg. Vor allem die Chefin vom Café König, zu dem auch ein Lebensmittelgeschäft gehörte, tat viel Gutes für uns. Das Geschäft befand sich schräg gegenüber dem »Judenhaus«, und immer wenn Frau König in das von Nonnen geführte Internat in unserer Nachbarschaft ging, klopfte sie bei meiner Mutter ans Fenster. Sobald dieses geöffnet wurde, warf sie Lebensmittel herein. Wir mussten nur noch das Problem lösen, wie wir diese Sachen zu den Baustellen schmuggeln konnten.

Samstag war ein ganz normaler Arbeitstag, und sonntags mussten wir meistens die Eisenbahnwaggons ausleeren, die das Material aus den Steinbrüchen des Sauerlands brachten. An vielen Waggons stand mit weißer Farbe geschrieben: »Räder müssen rollen für den Sieg!« Wenn wir diese Parole lasen, murmelten wir immer vor uns hin: »Nazi-Köpfe nach dem Krieg!«

Da uns noch nicht einmal Urlaub zustand, konnten wir die Baustelle nicht verlassen, um die Lebensmittel aus Schmallenberg abzuholen. Erst nach einiger Zeit fanden wir bei der Arbeit in Höringhausen heraus, dass der Bahnmeister ein ganz vernünftiger Mensch war. Er teilte uns heimlich mit, an welchen Sonntagen keine Waggons ankommen würden. Dann schwangen Ernst und ich uns auf die Fahrräder, die wir uns trotz Verbots besorgt hatten, und radelten über Höringhausen, Korbach, Medebach und Winterberg nach Schmallenberg. Dort holten wir den Proviant ab und fuhren oft in derselben Nacht wieder zurück, damit wir am Montag pünktlich zur Arbeit erscheinen konnten. Dank dieser Umstände waren wir einigermaßen gut genährt und bei Kräften. Wir konnten nicht ahnen, dass dies uns in den folgenden Monaten wahrscheinlich das Leben gerettet hat.

Einmal passierte etwas sehr Ungewöhnliches: Während der Arbeit kam ein Metzger mit seinem mit zwei Schweinen beladenen Pferdewagen an der Baustelle vorbei und sprach uns in perfektem Lauschen-Kaudesch an. Die Händlersprache, die mit dem Jiddischen verwandt ist, wurde viel auf den Viehmärkten gesprochen. Nach einem kurzen Gespräch forderte uns Metzger Sauer auf, am Abend bei ihm im Dorf vorbeizukommen. Nach Einbruch der Dunkelheit schlichen Ernst und ich uns also weg. Als wir bei Sauer eintrafen, packte er uns zuerst jede Menge Wurst, Fleisch und ähnliches ein und fragte anschließend sogar noch, ob wir genug Brot hätten. Als wir zugaben, auch daran fehle es, ging er mit uns zwei Häuser weiter zum Bäckermeister. Mit Wurst, Fleisch und Brot bepackt traten wir den Rückweg an. Wir waren sehr dankbar für diese außergewöhnliche Unterstützung.

Nachdem sich mein Vater schon zwei- oder dreimal von Dr. van Ackern hatte krankschreiben lassen, verkündete dieser, er habe Ärger mit der Gestapo bekommen und dürfe ihn nicht weiter behandeln. Auf die Frage meines Vaters, wo er denn hingehen solle, schlug sein Hausarzt ihm Dr. Schwarze vor. Das muss meinen Vater wie ein Blitz getroffen haben, denn dieser Arzt war ein HJ-Bannführer, der vor seinen Patienten in seiner mit Auszeichnungen gespickten Uniform erschien. Als mein Vater, allen Mut zusammennehmend, zu Dr. Schwarze ging, stellte sich dieser als wohl doch nicht so überzeugter Nazi heraus, denn er schrieb ihn weiter krank. Nach einiger Zeit gelang es meinem Vater sogar, von ihm eine Arbeitsunfähigkeitsbescheinigung zu erhalten. Das war nicht nur deshalb gut, weil Vater uns weiterhin mit Lebensmitteln versorgen konnte, sondern auch, weil er so mehr Zeit fand, sich um unsere Mutter zu kümmern, der es zunehmend schlechter ging. Andererseits bedeutete die Arbeitsunfähigkeitsbescheinigung bereits eine große Gefahr, da ab Anfang 1942 die ersten Juden aus der Gegend »umgesiedelt« wurden. Es hieß, sie würden nach Polen geschickt, aber man konnte schon ahnen, dass dies nicht die ganze Wahrheit war, denn von den *Transporten* meldete sich niemand mehr – keine Briefe oder Karten, nichts.

Als die Gestapo der Jüdischen Gemeinde in Dortmund befahl, Mitglieder damit zu beauftragen, die jüdische Bevölkerung zu den Sammelstellen zu bringen, erhielt mein Vater diesen traurigen Posten. Er wurde für das pünktliche Erscheinen der Schmallenberger Juden bei den Sammelstellen in Dortmund verantwortlich gemacht. Er musste seine eigenen Verwandten dorthin begleiten und mit ansehen, wie sie in die Züge stiegen. Uns erzählte er kaum etwas von seinen Beobachtungen.

Nur einmal, nachdem er beim zweiten Transport seine über achtzigjährige Tante Anna Stern – eine alte und gebrechliche Frau – weggebracht hatte, sagte er: »Hoffentlich stirbt sie bald.« Obwohl er einiges geahnt haben muss, hoffte er immer noch, dass die arbeitsfähigen Juden nicht deportiert würden. »Beim Straßenbau arbeiten ist immer noch besser, als nach Polen evakuiert zu werden«, wiederholte er mehrmals.

Am helllichten Tag …

Am 26. Februar 1943 erschien der Chef auf der Baustelle. »Ihr habt euch morgen zwecks Überprüfung der Arbeitspapiere auf dem ehemaligen jüdischen Schulhof in Dortmund, Zweite Kampstraße, zu melden.«

Wir schauten uns verwundert an, nicht ahnend, was das bedeuten sollte, und versuchten, etwas aus ihm herauszukriegen: »Kommen wir zu dieser Baustelle zurück? Müssen wir unsere Arbeitsklamotten mitnehmen?«

»Die Fahrerlaubnis von der Gestapo Dortmund habe ich mitgebracht«, antwortete er kurz angebunden.

Am nächsten Tag fuhren wir mit dem Zug von Korbach nach Dortmund und fanden uns in der Kampstraße ein, wo uns, nachdem wir namentlich aufgerufen worden waren, von Gestapobeamten mitgeteilt wurde: »Ihr seid verhaftet. Wer versucht zu fliehen, wird sofort erschossen.«

Zusammen mit etlichen anderen Bekannten, darunter auch Freunde aus der Lehrwerkstatt, wurden wir unter ständiger Wiederholung dieser Drohung aufgefordert, auf die vorgefahrenen Lastwagen zu steigen. Bevor die Fahrer starteten, behaupteten die Wachposten noch, unsere Angehörigen seien benachrichtigt und kämen morgen nach.

Die Fahrt ging nach Dortmund-Brakel, wo uns die Gestapo in einen Saal der Gastwirtschaft »Zum Deutschen Haus« sperrte. Der große Saal war völlig leer, es gab weder Tische noch Stühle oder wenigstens Decken. Wir mussten uns auf dem blanken Fußboden einrichten. Mir fiel dies nicht besonders schwer – ich war jung und hatte schon zwei Jahre auf dem Strohsack geschlafen –, aber unter den Menschen, die nach und nach eintrafen, waren auch schwangere Frauen, Alte, Kranke, Kinder und Babys: die jüdische Bevölkerung aus dem ganzen Dortmunder Stadtgebiet. Es wurde eine unruhige Nacht.

Im Laufe des nächsten Tages wurden all diejenigen gebracht, die außerhalb von Dortmund wohnten. Ernst und ich hofften, dass unsere Eltern nicht dabei sein würden, weil ein befreundeter Bauer aus dem Sauerland einmal angeboten hatte, einen Teil unserer Familie zu verstecken, wenn es zu Verhaftungen käme. Als wir sie unter den Neuankömmlingen entdeckten, reagierten wir überrascht und auch wütend. Ich machte ihnen heftige Vorwürfe, aber unser Vater sagte entschieden: »Wir können euch Kinder doch nicht allein lassen!«

Wir suchten im Saal, in dem sich inzwischen ungefähr tausend Menschen auf engstem Raum drängten, einen Platz. Kaum hatten meine Eltern von den Schmallenberger Polizeibeamten erzählt, die sie bis nach Brakel gebracht hatten, da ärgerten Ernst und ich uns sehr über unsere eigene Blauäugigkeit: Wir waren freiwillig, »zwecks Überprüfung der Arbeitspapiere«, ohne jede Begleitung nach Dortmund gekommen.

Die vielen Menschen, die aus dem nicht gerade kleinen Regierungsbezirk Arnsberg nach Dortmund verschleppt wurden, kamen am helllichten Tag, begleitet von örtlicher Polizei – alle Anwohner und Passanten, die wollten, konnten das sehen.

Man hatte meinen Eltern mitgeteilt, dass wir nach Polen umgesiedelt würden und jede Person 50 Kilogramm Gepäck mitnehmen dürfe, weshalb sie noch Sachen für Ernst und mich eingepackt hatten. Meine Mutter, die sich besorgt erkundigte, ob wir hungrig seien, gab Ernst und mir etwas von dem mitgebrachten Proviant. Froh, endlich wieder etwas in den Magen zu bekommen, denn wir hatten seit der Festnahme in der Kampstraße kein Essen erhalten, hockten wir uns kauend auf den kalten Boden und beobachteten das Geschehen um uns herum. Im Saal, der von Gestapobeamten in Zivil und Polizeibeamten in blauer und grüner Uniform bewacht wurde, herrschte das reine Chaos. Als die Situation

Deportation jüdischer Männer und Frauen aus der Region Dortmund auf dem Weg von der Börse zum Bahnhof 1942 (heimliche Aufnahme eines Dortmunder Polizisten)
Privatarchiv Hans Frankenthal, Jüdisches Museum Berlin

immer unerträglicher wurde, fassten einige Vertreter der Jüdischen Gemeinde, die unsere Betreuung übernehmen musste, den Mut, die Gestapo um Erlaubnis zu bitten, aus den jetzt leer stehenden jüdischen Wohnungen Matratzen für die kranken und alten Leute zu holen. Sie wurden laut und strikt abgewiesen.

Erst nach wiederholtem Bitten gelang es, der Gestapo die Erlaubnis abzuringen, aus einer nahe gelegenen Scheune Stroh zu holen, das wir in einer Ecke des Saals verteilten, für die Alten, Kranken und kleinen Kinder. Die Stimmung der Menschen konnte dies aber nicht verbessern, sie waren ruhelos, unsicher und verängstigt, was als nächstes mit ihnen geschehen würde. Keiner wusste genau, was uns erwartete – viele ahnten Schlimmes.

In Viehwaggons nach Osten

»Alles raus aus dem Saal!« Das Gebrüll der Gestapo-Männer weckte auch noch die Letzten, die erschöpft vor sich hindösten. Es war der 1. März 1943, acht Uhr morgens. Bevor Gestapo und Schutzpolizei den Saal räumten, mussten wir, mit Ausnahme von zehn Mark pro Person, alle Wertsachen abgeben. Gold und Silber besaßen wir sowieso nicht mehr, aber mein Vater hatte nach der Pogromnacht einen Siegelring mit einem guten Karat Stein gekauft, den er Ernst in dem allgemeinen Durcheinander in die Hand drückte: »Versteck ihn gut, er könnte einmal die Fahrkarte nach Hause sein.« Es gelang tatsächlich, den Ring durch die Kontrollen zu schmuggeln. Auf dem Brakeler Hellweg – wieder am helllichten Tag – mussten alle Juden in Straßenbahnwagen einsteigen, die sie bis zum Ostentor brachten. Von dort ging die Kolonne ungefähr einen Kilometer zu Fuß bis zum Südbahnhof.

Ernst und ich blieben zusammen mit zehn oder fünfzehn anderen Jugendlichen zurück, die von der Gestapo abkommandiert worden waren, das Gepäck auf bereitstehende Lastwagen zu verladen. Wir hatten ungefähr zwei Drittel der Koffer, Säcke und Pakete verstaut, als der Befehl ertönte: »Aufsitzen! Abfahren!« Die wenigen Mutigen, die darauf hinwiesen, dass noch Koffer und Säcke im Saal seien, wurden ignoriert und mit uns auf die Lastwagen gescheucht.

Als wir den Südbahnhof erreichten, stand der Zug, die Lokomotive unter Dampf, schon zur Abfahrt bereit. Nachdem wir das Gepäck in die letzten beiden Wagen des Zuges geworfen hatten, eilten wir zu unserem Vater, der aus einem der Waggons rief und winkte. Der Zug bestand fast ausschließlich aus Viehwaggons – mit Ausnahme der Personenwagen, in denen die Bewacher untergebracht waren. Kaum waren wir zu unseren Verwandten und Bekannten hinaufgeklettert, verriegelte die Gestapo hinter uns die Tür, und der Zug setzte sich in Bewegung.

In der Dunkelheit des Waggons konnten wir in den ersten Momenten nichts erkennen. Es fiel nur wenig Licht durch schmale Schlitze oben an den Seitenwänden. Wir spürten zunächst nur die Körper, die sich an uns drängten, später gewöhnten sich die Augen an das Dämmerlicht. Im Inneren des Wagens mussten etwa siebzig Personen Platz finden, und es gab ein furchtbares Gedränge und Geschiebe, als wir versuchten, uns irgendwie zu arrangieren. Wir probierten, uns Schoß in Schoß hintereinander zu setzen. Aber immer wieder stolperte jemand über die anderen hinweg, um zu dem Eimer in der Ecke zu gelangen, der als Latrine benutzt wurde. Anfangs achteten die Frauen noch darauf, sich vor den Blicken zu schützen und baten ihre Männer, eine Decke vor sie zu halten. Die Situation war unerträglich.

Nach gut zwei Stunden hielt der Zug in Bielefeld. Als die Türen noch einmal geöffnet wurden, erkannte ich unter den versammelten Juden auf dem Bahnhof einige junge Leute aus der Lehrwerkstatt in Dortmund wieder. Ich ergriff die Gelegenheit beim Schopf und sprang hinaus, was allerdings überhaupt nicht im Sinne unserer Bewacher war. Die Polizisten aus Dortmund und einige Gestapobeamte trieben mich sofort zurück.

Ich war verwirrt. In den wenigen Sekunden draußen war mir etwas aufgefallen, was mich stutzig machte. Weil ich die anderen, und besonders meine Mutter, nicht beunruhigen wollte, wandte ich mich flüsternd an meinen Vater und teilte ihm mit, dass die letzten beiden Wagen mit unserem Gepäck nicht mehr angehängt seien. »Da, wo wir jetzt hinfahren«, gab er leise zurück, »brauchen wir kein Gepäck mehr.«

Als Ernst, der Vaters Antwort gehört hatte, und ich nachhakten, wie er das meine, brach er zum ersten Mal das Schweigen über seine Haft in Sachsenhausen. Mit wenigen Worten drückte er viel aus: »Das sind keine Menschen, die wir dort sahen, das sind Sadisten. Sie behandelten uns wie Vieh, sie trieben uns wie eine Herde Bullen prügelnd durch das Lager.«

In Berlin hielt der Zug ein weiteres Mal, am Schlesischen Bahnhof, wie ich durch die schmalen Schlitze erkennen konnte. Vater kommentierte dies nur mit den Worten: »Ja, ja, wir fahren nach Osten.«

Nach einem kurzen Aufenthalt ging es weiter. Die Zeit zog sich endlos hin. Die Menschen konnten sich kaum rühren, durch die schmalen

Schlitze kam viel zu wenig Luft, es war heiß und stickig. Wir rangen nach Luft. Der Eimer in der Ecke reichte längst nicht mehr aus. Je länger die Fahrt sich hinzog, desto unerträglicher wurden die Zustände in dem Waggon. Mutter lehnte die meiste Zeit völlig apathisch an der Wand, sie reagierte kaum noch, wenn wir sie ansprachen.

Am zweiten Tag gingen die Essensvorräte zu Ende, und was noch schlimmer war, es gab nichts mehr zu trinken. Die Kinder waren kaum noch zu beruhigen, sie weinten und schrien, und auch die Erwachsenen quälte der Durst sehr. Einige, die ihren eigenen Urin trinken wollten, lösten damit heftige Diskussionen aus. Die Stimmung war gereizt, viele wurden aggressiv oder hysterisch, Streitereien brachen aus, man schrie sich gegenseitig an – und der Zug fuhr und fuhr. Einige ältere Menschen starben in diesem Viehwaggon … Ich kann das alles nicht beschreiben.

Endstation Auschwitz

Nach drei Tagen und drei Nächten hielt der Zug spätabends an einem uns unbekannten Ort. Als ich hinauslugte und meinem Vater die Umgebung beschrieb, die ich erkennen konnte – ein großes Terrain, Wachtürme, viel Stacheldraht, taghelle Beleuchtung – erklärte er mir mit leiser Stimme: »Wir sind in einem Konzentrationslager.«

In der aufkommenden Unruhe versuchten die Menschen, sich gegenseitig zu beruhigen: »Es wird schon nicht so schlimm sein.« »Seid ganz ruhig.«

Uns blieben nur noch wenige Minuten, in denen Vater mich und Ernst über den Verbleib wichtiger Papiere und Wertgegenstände aufklärte und mit den Worten schloss: »Ich werde das nicht überleben, ich bin zu alt. Solltet ihr überleben, geht nach Schmallenberg zurück.«

Krachend flogen die Waggontüren auf, lautes Gebrüll und Schreien schlug über uns zusammen: »Ihr Saujuden! Ihr Schweine! Raus aus dem Waggon!«

SS-Männer trieben uns aus dem Zug. Außer den Toten und denjenigen, die sich nicht mehr bewegen konnten und reglos in den Waggons liegen blieben, sprangen und fielen die Menschen auf die hell erleuchtete Rampe. Über tausend Personen drängten sich zusammen, versuchten gehetzt, sich vor den Knüppeln der prügelnden SS-Männer zu schützen. Befehle wurden geschrien: »Männer rechts raus! Frauen ohne Kinder links raus! Frauen mit Kindern auch links raus, aber gesondert!«

Ernst und ich klammerten uns aneinander, versuchten zusammenzubleiben und liefen schnell, um uns vor den niederprasselnden Schlägen zu schützen. Als wir irgendwo, von der Menge eingekeilt, zum Stehen kamen, hatten wir unsere Eltern verloren – es gab keinen Abschied.

SS-Männer sonderten die Angekommenen nochmals aus: Männer, die schon älter waren, schwächlich oder ungesund aussahen, wurden zu der Gruppe der Frauen und Kinder geschickt. Mir fiel auf, dass zwei Jungen vor uns, die ich aus der Werkstatt in Dortmund kannte, ebenfalls dorthin gewiesen wurden. Ich flüsterte Ernst schnell zu: »Ich mache mich älter.«

Sobald ein SS-Mann mich nach meinem Geburtsjahr fragte, behauptete ich laut, ich sei achtzehn Jahre alt. Er schickte mich nach rechts zu der Gruppe der Männer.

Ich reihte mich neben Ernst, den Vettern meines Vaters Max und Emil Stern sowie Max Rosenstein aus Warburg ein. Max Rosenstein hatte ein ungefähr einjähriges Kind auf dem Arm, aber keiner von uns dachte sich etwas dabei. Doch plötzlich entdeckten die SS-Männer das Kind. Sie stürmten zu uns und schrien ihn an, ob er nicht gehört habe, dass Kinder bei den Müttern zu bleiben hätten. Max setzte noch zu einer Entschuldigung an: »Meine Frau muss schon auf vier kleine Kinder aufpassen, ich habe ihr doch nur Arbeit abgenommen. Ich …«

Der SS-Mann hörte ihm gar nicht zu, trat an ihn heran, riss ihm das Kind vom Arm. Erstarrt sahen wir, wie er ausholte und den Schädel des Kindes am nächsten Mast zerschmetterte. Als Max mit einem Schrei losstürzte, um zu seinem toten Kind zu gelangen, hielten wir ihn gewaltsam zurück – er konnte ihm nicht mehr helfen. Jahre nach dem Krieg sollte ich dem Mörder von Max Rosensteins Kind noch einmal gegenüberstehen.

Auf der Rampe in *Auschwitz* herrschte in uns nur Angst und Verwirrung. Bevor wir das alles richtig begreifen konnten, fuhren Lastwagen vor, auf die wir unter lautem Geschrei der SS getrieben wurden. Alles ging so furchtbar schnell in dieser Nacht vom 3. auf den 4. März 1943.

Monowitz

Mit ungefähr fünfzig anderen Männern quetschten wir uns auf eine der offenen Ladeflächen. Die Lastwagen rasten los. Das Tempo schleuderte uns schon in der ersten Kurve so zur Seite, dass der LKW aus dem Gleichgewicht zu kommen drohte. Der Fahrer stoppte, und im nächsten Moment sausten die schweren Gewehrkolben der SS-Bewacher auf uns nieder, um uns auf unsere Plätze zurück zu jagen. Nach kurzer Fahrt erreichten wir ein Lager, dessen Namen wir erst später erfahren sollten: *Auschwitz III – Monowitz.*

»Absteigen! Runter! Runter!«

Ernst und ich, die nahe am Rand der Ladefläche standen, sprangen, aber wer dem Befehl nicht schnell genug folgen konnte, wurde einfach von den Ladeflächen heruntergekippt. Hinter uns stürzten die Menschen aufeinander. Wir mussten uns in Zweierreihen aufstellen, und sofort ging es im Laufschritt zu einem Platz, wo wir gezwungen wurden, uns trotz der Kälte nackt auszuziehen und die Kleidung auf einen Haufen zu werfen. Unauffällig versuchten Ernst und ich, den Siegelring, den uns unser Vater in Dortmund-Brakel gegeben hatte, in der Erde zu verstecken, um ihn später vielleicht wieder holen zu können.

Weiteres Gebrüll und Schläge drängten uns in eine Baracke, in der einige Stühle und Tische aufgestellt waren, an denen SS-Männer saßen. Häftlinge in gestreiften Jacken und Hosen standen neben Schemeln, auf denen wir uns niederlassen mussten, damit sie uns die Haare scheren konnten – erst am Kopf, dann am ganzen Körper. Es war eine Tortur. Die Messer der Handschneidemaschinen waren total stumpf, die Haare wurden eher herausgerissen als abrasiert. Es tat höllisch weh.

Kahlrasiert stolperten wir zu den Häftlingen, die uns eine Nummer in den Arm tätowierten. Sie sprachen leise auf uns ein, fragten, wo wir herkämen, baten uns freundlich, den Arm stillzuhalten, beruhigten uns, dass es nicht weh tun würde und ermahnten uns, niemals die Zahlenfolge zu vergessen. Es tat gut, wieder menschliche, freundliche Worte zu hören. Ich erhielt die Nummer 104920, mein Bruder die Nummer 104921.

Diese Zahlen mussten wir gleich darauf den Häftlingen mitteilen, die die Einlieferungsscheine ausfüllten. Ernst und ich gaben, nach unserem Beruf gefragt, ganz dreist Schlosser an, obwohl wir ja nur die Vorlehre absolviert hatten. Das sollte sich später fast als eine Art Lebensversicherung herausstellen. Diese Aufnahmeprozedur war im Lager die letzte Situation, bei der wir unsere Namen angaben. Von nun an hatten wir keine Namen mehr, wir waren nur noch Nummern.

Es folgte der Duschraum, wo wir eine weitere Schikane des Lagers kennenlernten: Das Wasser war entweder brühend heiß oder eiskalt. Wir hatten weder Seife noch Handtuch erhalten und waren noch klatschnass, als uns unsere Häftlingskleidung hingeworfen wurde. Die wenigsten Sachen passten, sie waren zu groß oder zu klein, und wir mussten erst vieles untereinander tauschen, bevor wir einigermaßen notdürftig bekleidet waren.

Kurze Zeit später erschien ein Häftling mit der Aufschrift »Block 10« auf seiner roten Armbinde, der uns fast höflich aufforderte, ihm zu folgen. Es stellte sich heraus, dass er der *Blockälteste* unserer neuen Unterkunft war. Diese bestand aus einer langgestreckten Holzbaracke, vollgestopft mit dreistöckigen Holzpritschen, auf denen jeweils ein Strohsack und eine Decke lagen. Der Blockälteste wies uns unsere Pritschen zu, bevor er das Licht löschte. Kaum hatte er den Schlafraum verlassen und war in einem extra abgetrennten Raum im vorderen Teil des Blocks verschwunden, kam eine große Unruhe auf. Fast jeder suchte

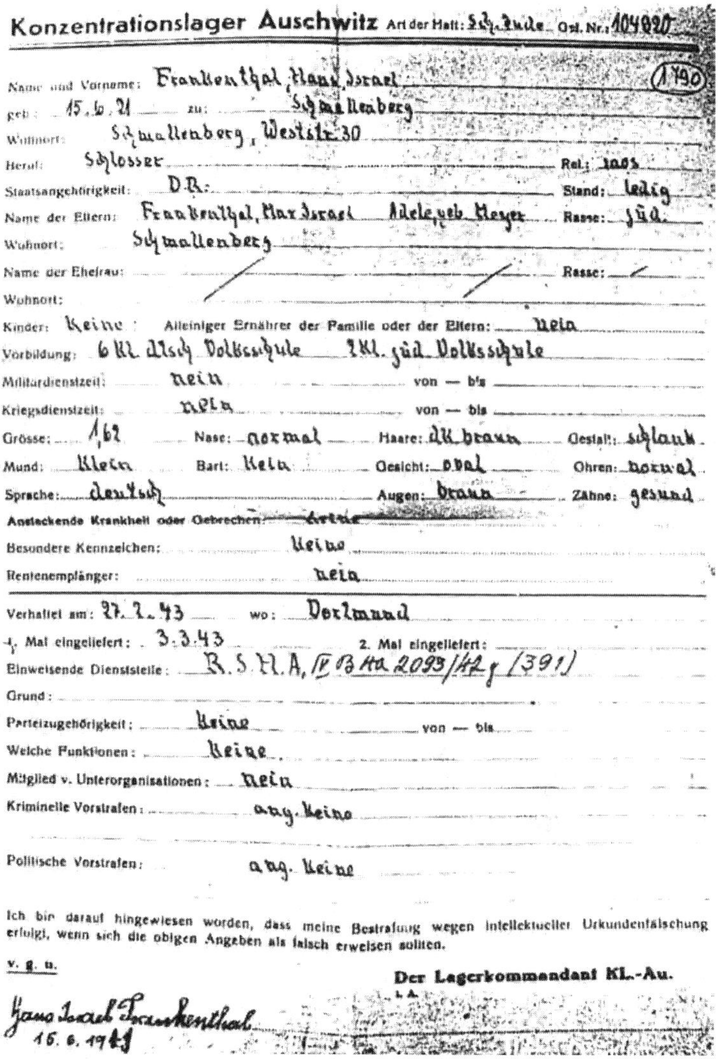

Konzentrationslager Auschwitz Art der Haft: Sch. Jude Gef. Nr.: 104920

Name und Vorname: Frankenthal, Hans Israel (1790)
geb.: 15.6.21 zu: Schmallenberg
Wohnort: Schmallenberg, Weststr. 30
Beruf: Schlosser Rel.: mos.
Staatsangehörigkeit: D.R. Stand: ledig
Name der Eltern: Frankenthal, Max Israel Adele, geb. Meyer Rasse: jüd.
Wohnort: Schmallenberg
Name der Ehefrau: / Rasse: /
Wohnort:
Kinder: keine Alleiniger Ernährer der Familie oder der Eltern: nein
Vorbildung: 6 Kl. dtsch. Volksschule 2 Kl. jüd. Volksschule
Militärdienstzeit: nein von — bis
Kriegsdienstzeit: nein von — bis
Grösse: 1,62 Nase: normal Haare: dk. braun Gestalt: schlank
Mund: klein Bart: kein Gesicht: oval Ohren: normal
Sprache: deutsch Augen: braun Zähne: gesund
Ansteckende Krankheit oder Gebrechen: keine
Besondere Kennzeichen: keine
Rentenempfänger: nein

Verhaftet am: 27.2.43 wo: Dortmund
1. Mal eingeliefert: 3.3.43 2. Mal eingeliefert:
Einweisende Dienststelle: R.S.H.A. IV B 4a 2093/42 g (391)
Grund:
Parteizugehörigkeit: keine von — bis
Welche Funktionen: keine
Mitglied v. Unterorganisationen: nein
Kriminelle Vorstrafen: ang. keine

Politische Vorstrafen: ang. keine

Ich bin darauf hingewiesen worden, dass meine Bestrafung wegen intellektueller Urkundenfälschung erfolgt, wenn sich die obigen Angaben als falsch erweisen sollten.

v. g. u.

Der Lagerkommandant KL.-Au.
i. A.

Hans Israel Frankenthal
16. 6. 1919

Häftlingskarteibogen von Hans Frankenthal aus dem KZ Auschwitz, Häftlingsnummer 104920 vom 3. März 1943. Unter der Unterschrift von Hans Frankenthal ist sein gefälschtes Geburtsjahr erkenntlich.
Archivum Państwowe Muzeum Oświęcim
(Archiv des Staatlichen Museums Auschwitz)

nach Angehörigen oder Freunden. Namen wurden gerufen, selten erhielt einer eine Antwort. Plötzlich erhellte das Licht wieder den Raum und der Blockälteste stand in der Tür. »Kameraden herhören!«, rief er uns zu. Nachdem es ruhiger geworden war, stellte er sich vor: »Ich habe ganz flüchtig eure Einlieferungsscheine gesehen und festgestellt, dass ihr alle aus meiner Heimat kommt, aus Dortmund. Ich heiße Emil Meier, komme aus Dortmund-Lünen und bin seit 1933 schon in etlichen Konzentrationslagern gewesen. Ihr seid hier in Auschwitz, in einem der größten Vernichtungslager, das von den Nazis geschaffen wurde. Dort, wo ihr ausgeladen worden seid, befinden sich Gaskammern, und diejenigen Angehörigen, die jetzt nicht bei euch sind, sind wahrscheinlich schon nicht mehr am Leben.«

Wir starrten ihn ungläubig an. Nach einer Pause fuhr er fort: »Für uns gibt es nur eins: wir wollen und müssen den Faschismus überleben.« Emil Meier löschte zum zweiten Mal das Licht – an Schlafen war jedoch in dieser Nacht nicht mehr zu denken.

Der erste Tag im Lager

»Kaffeeholer raustreten!«, erschollen draußen am anderen Morgen gegen fünf Uhr früh laute Rufe. In den Block kam Bewegung. Die Lagerglocke tönte, das Licht blendete die müden Augen und wir erhoben uns mühsam von den Pritschen. Während einige abkommandierte Häftlinge den Block verließen, um den Kaffee zu holen, wurde uns von den Stubendiensten gezeigt, wie wir die Betten zu »bauen« hätten. Die Strohsäcke, auf denen wir gelegen hatten, mussten aufgeschüttelt werden, bis keine Kuhlen mehr zu sehen waren. Obwohl wir uns abmühten, gelang es uns kaum, das verklumpte Stroh gleichmäßig zu verteilen. Die erfahreneren Häftlinge zeigten uns Neuankömmlingen die Tricks: Das Stroh musste erst aus den Ecken herausgeschoben werden. Die karierten Decken sollten exakt gefaltet und nach den vorne an der Tür stehenden Betten ausgerichtet werden. Der Stubendienst schärfte uns immer wieder ein, das alles absolut genau zu beachten, da sonst Ärger mit der SS anstünde.

Nach dem Bettenbauen ging es in den Waschraum. Die meisten von uns stürzten direkt zu den Wasserkränen, weil wir seit fast vier Tagen nichts Richtiges mehr zu trinken bekommen hatten. Häftlinge, die schon länger im Lager waren, versuchten uns hiervon abzuhalten. Sie wiesen auf die Schilder über den Kränen: »Trinken verboten – Lebensgefahr!« und bedrängten uns, das Wasser auf keinen Fall zu trinken. Trotz ihrer Warnungen hielten einige diese Schilder für eine weitere Schikane und tranken. In den folgenden Tagen bekamen sie Durchfall und Fieber, was in Monowitz fast immer den Tod bedeutete. Zum Waschen blieben uns nur wenige Minuten, bevor wir wieder in den Block zurückkehrten und dort einen Picknapf und einen halben Liter »Kaffee« erhielten – eine stinkende, aus irgendwelchen Blättern zusammengebraute Brühe. Aber unser Durst war größer als jeder Ekel, wir tranken gierig.

Gegen sechs Uhr führte Emil Meier den ganzen Block zu einem Platz, auf dem sich etwa zwanzig bis fünfundzwanzig Blocks mit je 300 bis 350 Häftlingen versammelten. Er wies uns an, Fünferreihen zu bilden und strammzustehen. Wir erlebten unseren ersten Morgenappell. SS-*Blockführer*, die jeweils für drei Blocks zuständig waren, zählten uns, nahmen die Meldelisten der Blockältesten in Empfang und unterschrieben diese, bevor sie sie am Tor an die höheren SS-Ränge weitergaben. Während der ganzen Prozedur durften wir nicht sprechen und versuchten so regungslos wie möglich dazustehen, denn sobald ein Häftling auch nur ein wenig schwankte, wurde er von den SS-Männern brutal verprügelt. Nachdem die Anzahl der Häftlinge überprüft worden war, erscholl das Kommando vom Tor: »Lagerstärke stimmt! Arbeitskommandos formieren! Arbeitskommandos ausrücken!«

An diesem Tag brachte Emil Meier uns wieder in den Block zurück, wo er uns erklärte, dass SS-Leute mit Angestellten des benachbarten Buna-Werks vorbeikommen würden, um geeignete Arbeitskräfte auszusuchen. Wenn wir einen handwerklichen Beruf gelernt hätten, sollten wir ihn unbedingt angeben. Kurz darauf mussten wir langsam, von ihren kritischen Blicken abgetastet, an den Mitgliedern dieser Kommission vorbeigehen. Sie wählten uns wie auf dem Sklavenmarkt aus. Ernst und ich gaben wieder an, Schlosser zu sein. Sobald unsere Berufe notiert worden waren, verließen die Männer den Block wieder.

Jetzt kamen wir seit unserer Deportation aus Dortmund das erste Mal etwas zur Ruhe. Wir verbrachten den restlichen Tag im Block, wobei Emil Meier die Gelegenheit nutzte, uns weitere Verhaltensmaßregeln und Ratschläge zu geben: »Wenn ihr die SS schreien hört, geht einen anderen Weg. Vermeidet jede unnötige Begegnung mit SS-Männern! Sucht auf keinen Fall im Lager oder an der Arbeitsstelle nach Angehörigen. Das könnte schon wieder ein Grund sein, geprügelt oder sogar totgeschlagen zu werden. Diejenigen, die nicht mehr bei euch sind, damit müsst ihr euch abfinden, leben nicht mehr. Auch wenn ihr glaubt, dass schon mit früheren Transporten Angehörige hier angekommen sind, könnt ihr ihnen irgendwann, irgendwo mal begegnen. Aber sucht nicht!«

Abends, wieder auf dem Appellplatz strammstehend, beobachteten wir die Arbeitskommandos, die durch das Lagertor zurückkehrten. Völlig erschöpfte Häftlinge schleppten sich gebeugt vorwärts, viele von ihnen stützten zusammengebrochene und verletzte Kameraden oder trugen Tote mit sich. Sie sahen selbst aus wie wandelnde Leichen. Die Toten wurden neben den Kommandos auf dem Boden abgelegt und mitgezählt. Wer am Morgen gezählt worden war, hatte abends wieder auf dem Appellplatz zu erscheinen, tot oder lebendig. An diesem Abend lagen Ernst und ich noch sehr lange wach. Wir versuchten, uns ein ungefähres Bild von dem zu machen, was auf uns zukommen würde und sprachen uns gegenseitig Mut zu, so lange durchzuhalten wie eben möglich.

Kommando 12

Der nächste Morgen begann auf die gleiche Weise: Kaffee holen, Latrine, Waschraum, Kaffeeempfang, Appellplatz. An diesem Tag wurden Ernst und ich dem Arbeitskommando 12 zugewiesen, bei dem wir uns nach dem Appell meldeten. Kurz bevor das Kommando die höheren Ränge der SS beim Lagertor passierte, erscholl der Befehl »Mützen ab!«. Wir rissen diese so schnell wie möglich vom Kopf und standen stramm, die Arme an die Hosennähte gepresst. Der Kommandoführer schlug die Hacken zusammen und machte Meldung: »Kommando 12 mit 120 Häftlingen beim Ausmarschieren.«

Nachdem ein weiteres Mal gezählt worden war, marschierten wir, von SS-Posten begleitet und zum Singen gezwungen, aus dem Lager. Hundert Meter hinter dem Tor passierten wir eine Postenkette aus SS-Männern mit Karabinern oder Maschinengewehren, die im Abstand von fünfzig Metern um das ganze Lager herum Wache standen. Wenig später betraten wir ein riesiges, unübersichtliches Werksgelände – das sich im Aufbau befindende Buna-Werk der I. G.-Farben. Bei der Baustelle eines Kraftwerks übergab uns die SS einem Meister – keinem Häftling, sondern einem der vielen *Zivilarbeiter*, die im Werk beschäftigt waren. Nachdem Ernst und ich diesem bestätigt hatten, dass wir Schlosser gelernt hatten, fragte er uns, ob wir schwindelfrei seien. Emil Meier hatte uns geraten, immer »Ja« zu sagen – »Ja« sei meistens richtig, »Nein« immer falsch. Also bejahten wir. Daraufhin ließ der Meister uns über Gerüstleitern in eine Höhe von etwa dreißig Metern klettern und über einen vielleicht gerade mal fünfundzwanzig Zentimeter breiten Stahlträger laufen. Wir versuchten, uns von der Höhe nicht einschüchtern zu lassen, und gelangten zittrig, aber glücklich ans andere Ende. Der Meister befand uns wohl für brauchbar, denn er wies uns Arbeit bei der Stahlgerüstmontage des Kraftwerks zu. Wir mussten die neuen Träger, die mit einfachen Flaschenzügen oder einer riesengroßen elektrischen Winde nach oben gezogen wurden, nach einem gezeichneten Plan vernieten, verschrauben und verschweißen.

Vernichtung durch Arbeit

Außer dem I. G. Farben-Konzern betätigten sich noch andere Firmen auf dem Werksgelände, auch viele aus dem Ruhrpott. Das ganze Gelände umzäunten, ebenso wie das Lager, Postentürme und Stacheldraht, der allerdings nicht elektrisch geladen war, weil neben uns Häftlingen auch Tausende Zivilarbeiter im Werk angestellt waren. Bei der Arbeit hatten wir wenig Kontakt zu anderen: Oben auf dem Gerüst begegneten wir tagsüber nur den Häftlingen, die sich ebenfalls dort aufhielten, vor allem polnischen Juden. Für die »jeckischen« Juden – so wurden wir deutschen Juden genannt – zog dies einige Schwierigkeiten nach sich, weil nur jiddisch gesprochen wurde. Wir behalfen uns mit Lauschen-Kaudesch oder Mame-Luschen, aber sie zogen uns immer wieder auf, bis es mir zu bunt wurde und ich mich empörte: »Wir sitzen alle in einem Boot. Hört mit dem Streit zwischen deutschen und polnischen Juden auf.« Mit der Zeit verstanden wir uns ganz gut.

Der wichtigste Vorteil unseres Arbeitsplatzes war dessen Unzugänglichkeit. Bei der Hochmontage kamen wir kaum mit der SS in Berührung. In anderen Kommandos litten die Häftlinge unter den willkürlichen Quälereien von SS-Männern und *Kapos*. Es kam des Öfteren vor, dass die völlig erschöpften Häftlinge tot unter deren Schlägen zusammenbrachen.

Nach wenigen Wochen konnten wir die Frage, die wir den älteren Häftlingen im Lager anfangs immer gestellt hatten – wie lange man es hier aushalten könne –, selbst beantworten: Wenn man nicht irgendwie einen Druckposten bekam, überlebte man keine acht Wochen. Bestimmte Kommandos musste man unbedingt meiden, wie zum Beispiel das Transportkommando. Dessen Häftlinge mussten Stahlträger, die 100 Meter entfernt von einem Waggon gekippt wurden, auf den Schultern wegtragen. Dabei trieben die Vorarbeiter sie meist im Laufschritt voran. Die Erdkommandos aber waren am schlimmsten. Gräben mussten ohne geeignetes Handwerkszeug ausgehoben werden, und das Kabelkommando zog ein etwa dreißig Zentimeter dickes, in Bitumen getränktes Kabel, in dessen Innerem sich an die hundertfünfzig Drähte befanden, von den zwei Kilometer weit entfernten Kabeltrommeln durch die Gräben. Die Menschen kamen mit der schweren Last auf den Schultern einfach nicht vorwärts und die Schläge prasselten auf sie nieder. Aus lauter Not zogen sie das Kabel mit letzter Kraft millimeterweise weiter. In diesem Kommando starben täglich Häftlinge.

Max Stern, der Vetter meines Vaters, wurde dem Kabelkommando zugeteilt. Nach drei, vier Wochen war er bereits ein *Muselmann.*[6] Am Ende eines Arbeitstages überbrachten uns Häftlinge aus seinem Kommando beim Sammeln vor dem Rückmarsch ins Lager die Nachricht, dass er von den SS-Männern während der Arbeit halbtot geschlagen worden war. Max hatte bei der Arbeit seinen Essnapf nicht, wie befohlen, auf den Stapel gelegt, sondern in seinem Mantel versteckt. Die Mäntel, die gefaltet auf den Boden gelegt werden mussten, waren von SS-Männern kontrolliert worden. Sie hatten Max' Nummer aufgerufen, ihn zusammengeschlagen und die nächsten Stunden bei der Arbeit so lange gequält, bis er zusammengebrochen war. Obwohl Max Stern nicht zu unserem Kommando gehörte, trugen wir ihn mit ins Lager zurück. Er konnte kaum noch sprechen, schaffte irgendwie noch den Appell, aber danach blieb uns nichts anderes übrig, als ihn im Krankenbau abzuliefern. Am nächsten Tag versuchten wir vergeblich zu erfahren, ob er noch am Leben sei. Wir haben nichts mehr von ihm gehört.

Wer bei der Arbeit zusammenbrach oder versuchte sich zu schonen, wurde von den SS-Bewachern, Vorarbeitern und Kapos angetrieben, geschlagen oder getreten. Manche waren richtige Sadisten, die die Häftlinge einfach zu ihrem Spaß quälten. Die Zivilarbeiter waren nicht nur Zeugen dieser Brutalitäten oder manchmal sogar selbst daran beteiligt. Sie wussten auch von den Vergasungen in Birkenau. Wenn in Gesprächen mit Zivilisten die Frage gestellt wurde, ob wir Hoffnung hätten, aus dem Lager wieder herauszukommen, erwiderten wir: »Es

6 Muselmann bezeichnete in der Lagersprache Frauen und Männer, die durch Hunger und Krankheit physisch und psychisch völlig erschöpft und meist zum Sterben verurteilt waren.

ist noch keiner in Auschwitz geblieben«, und zitierten das Schlagwort der SS: »Es kommt jeder hier raus, und wenn es durch den Schornstein ist.« Das wusste jeder in Monowitz. Die Zivilarbeiter, schien uns, nahmen das einfach so hin.

Es brauchte einige Zeit, bis man die Möglichkeiten kennengelernt hatte, sich zu drücken. Neben diesem Wissen brauchte man aber auch eine gute Portion Glück, und es gelang nur wenigen, sich der Vernichtung durch Arbeit zu entziehen – das Buna-Werk der I. G.-Farben wuchs, die Sklavenarbeit zeigte Ergebnisse.

Ernst und ich hatten bei der Einteilung wirklich großes Glück gehabt, denn die Hochmontage war im Vergleich zu der Schinderei in anderen Arbeitskommandos nicht so schwer. Unser Kapo, ein politischer Häftling mit dem *roten Winkel* auf der Jacke, war ein junger Tscheche. Ich schätzte ihn auf zwanzig, zweiundzwanzig Jahre. Er schikanierte uns nicht und erteilte seine Kommandos immer in Tschechisch. Ich war sehr verwundert, als ich nach einer gewissen Zeit feststellte, dass er durchaus auch Deutsch sprach. Darauf angesprochen, erwiderte er: »Diese Sprache werde ich in meinem ganzen Leben nie mehr sprechen!«

Unsere Arbeit war zwar sehr hart – der Meister wollte Ergebnisse sehen und verlangte viel von uns –, aber im Gegensatz zu anderen Kommandos konnte man im Kommando 12 längere Zeit überleben.

Abendappell

Spät nachmittags hörte man im Werk Rufe: »Vorarbeiter, Kapos, einrücken!« Die Arbeit wurde jeweils so beendet, dass wir vor Einbruch der Dunkelheit ins Lager zurückgekehrt waren. An den Sammelplätzen im Werk kontrollierte der Kapo, ob alle morgens Ausgerückten wieder erschienen waren, tot oder lebendig. Die Erschlagenen und Zusammengebrochenen wurden zurückgetragen. Bei uns im Kommando gab es zwar oft Erschöpfte oder Verletzte, jedoch selten Erschlagene. Sobald die Kapos ihre Häftlinge zusammen hatten, gab die SS den Befehl »Stärke stimmt! Einrücken!«.

Obwohl wir nach einem langen Arbeitstag völlig ausgelaugt waren, zwang uns die SS oftmals noch, Material für das im Bau befindliche Häftlingslager mitzutragen: Manchmal mussten wir unsere Mützen mit Sand füllen, ab und zu auch Ziegelsteine mitnehmen. Solche Abende fürchteten wir sehr, denn der Weg von unserer Arbeitsstelle bis zum Lager betrug ungefähr einen Kilometer, und die meisten waren kaum noch in der Lage, sich selbst auf den Füßen zu halten – drei Ziegelsteine wurden zu einer unerträglichen Last.

Wenn beim abendlichen Sammeln die Häftlingszahlen nicht stimmten, suchten die SS-Männer das Werksgelände ab und fanden meistens in irgendeiner Ecke einen vergessenen Toten. Schreckliches erwartete uns aber, wenn wirklich jemand fehlte. Dann begannen beim Rückmarsch ins Lager bereits am Tor die ersten Schikanen, um uns einzuschüchtern. Nachdem fast jeder gefilzt worden war, standen wir Stunde um Stunde auf dem Appellplatz, wo wieder und wieder gezählt und addiert wurde. Solange die Häftlingszahlen nicht mit den Listen übereinstimmten, hieß es: »Das Lager bleibt stehen!«

Das regungslose Stehen in Nässe und Kälte war eine unbeschreibliche Qual. Der Hunger, der an unseren erschöpften Körpern zehrte, inspirierte die SS zu einer besonderen Schikane: Sie ließ die Suppenkessel bringen und mit geöffnetem Deckel zwei Meter vor uns hinstellen. Selbst wenn es nur eine Wassersuppe war, stieg ihr Geruch in unsere Nasen. Sobald die Suppe kalt war, wurde sie wieder weggetragen. Während die Nacht hereinbrach, durchsuchte die SS die Dörfer in der Umgebung. Jedes Auto, alles, was sich bewegte, wurde kontrolliert. Oft standen wir die ganze Nacht Appell, bis es am nächsten Morgen wie üblich hieß: »Arbeitskommandos ausrücken!« Ohne Schlaf, ohne Essen, ohne Kaffee mussten wir wieder ins Werk.

Die Toten, die nach einem solchen Appell am Boden liegen blieben, waren unzählbar. Viele waren einfach zusammengebrochen, und diejenigen, die aus Erschöpfung nicht mehr wollten, waren auf den elektrisch geladenen Stacheldrahtzaun zugelaufen. Den Zaun selbst erreichten allerdings nur wenige. Die Posten oben auf den Wachtürmen schossen bereits, sobald Häftlinge den Draht überquerten, der ein Stück davor am Boden gespannt war. So ersparten sie sich viel Arbeit, da in den Fällen, in denen ein Häftling tot im Stacheldraht hing, der Morgenappell länger dauerte. Damit der Strom abgestellt werden konnte, wurde gewartet, bis es wieder hell und die Postenkette um das Lager verstärkt worden war. Die Arbeitskolonnen, die auf dem Appellplatz strammstanden, konnten so lange nicht ausrücken, bis Häftlinge den Toten vom Draht gerissen hatten und der Strom wieder angestellt worden war. Erst dann ging der normale Tagesablauf weiter.

Die Nacht

Nach einem normalen Abendappell, der aber immer länger als die morgendlichen zwanzig bis dreißig Minuten dauerte, hatten wir ein wenig Zeit, bis die Lagerglocke ertönte und das Licht gelöscht wurde. Bevor man sich auf die Pritsche zum Schlafen legen konnte, musste man seine Sachen in Sicherheit bringen. In den Blocks wurde alles gestohlen: Schuhe, Brotreste, Löffel, Blechnapf – eben alle wichtigen Gegenstände. Sie wurden deshalb unter den Kopf gelegt, sonst waren sie morgens verschwunden.

Für diejenigen, die nachts pinkeln mussten, stand vorne an der Tür ein Eimer. Sobald der voll war, war es die Aufgabe des Nächsten, ihn in der Latrine auszuleeren. Davor versuchte sich jeder so gut wie möglich zu drücken, weil es sehr schwer war, den Zwanzig-Liter-Eimer eine Treppe hinunter und draußen durch den Matsch zu tragen. Da mein Bruder und ich vorne schliefen, hatten wir nach einiger Zeit gelernt zu hören, wie voll der Eimer war. Manchmal warteten wir eben noch ein bisschen, damit es uns nicht traf.

Viele Häftlinge litten unter dem im Lager grassierenden Durchfall. Ihnen blieb nichts übrig, als sich der mühseligen Prozedur eines nächtlichen Latrinenganges zu unterwerfen. Von der geöffneten Tür aus hatte man den Posten auf dem Wachturm anzurufen: »Hallo Posten! Häftlingsnummer 104920 bittet Austreten zu dürfen!« Nur mit seiner Erlaubnis durfte man zur Latrine gehen, aber es war immer wichtig, sich zu beeilen, weil der Posten, sobald er keine Lust mehr hatte oder es ihm zu lange dauerte, ein paar Schreckschüsse abgab und schrie: »Raus! Zurück in den Block!« Auf dem Rückweg musste man sich wieder bei ihm melden: »Häftling 104920 zurück in den Block.«

Obwohl nachts immer Unruhe im Block war – wenn nicht gerade einer zur Latrine ging, hustete oder stöhnte jemand –, konnte man sich daran gewöhnen, die fünf oder sechs Stunden zu schlafen.

Nach ungefähr einem Monat in Monowitz trafen wir Rolf Goldschmidt nach dem Abendappell auf seiner Pritsche in der Reihe neben uns hockend. Er wirkte sehr niedergeschlagen und murmelte vor sich hin: »Ich kann nicht mehr. Ich will nicht mehr.« Vergeblich versuchten wir, ihn etwas aufzumuntern. In der Nacht hörte ich, wie er aufstand und fragte besorgt: »Rolf, wo willst du hin?«

»Zur Toilette.«

»Wirklich zur Toilette?«

»Ja!«

Ich hörte, wie er den Posten anrief und die Holztreppe herunterging. Eine halbe Minute später ertönte ein Knall. Rolf Goldschmidt wurde von dem Posten bei dem Versuch, auf den elektrisch geladenen Stacheldrahtzaun zuzulaufen, erschossen.

Ede Besch

Viele Häftlinge in Block 10 starben innerhalb der ersten Wochen. Die freiwerdenden Pritschen wurden neu aufgefüllt und die knapp siebzig Überlebenden der über fünfhundert Männer aus unserem Transport verlegte man in Block 8. Als wir in unseren neuen Block traten, sah ich, dass die vorderen Bettreihen noch frei waren, und stellte mich schweigend dorthin. So gelang es bei der Zuteilung, Ernst und mir wieder die ersten Betten zu sichern. Unser neuer *Blockältester* stellte sich als Ede Besch vor.

In den nächsten Tagen merkte ich, wie Ede Besch mich beobachtete, und am dritten Abend kam er nach der Essensausgabe auf mich zu: »Du kommst mit in meinen Verschlag.«

Ich folgte ihm in den im Block abgetrennten Raum, in dem die Blockältesten ihr eigenes Bett, Tisch und Stuhl hatten. Nachdem er einen Moment gesucht hatte, schob er mir mit Schwung meine Karteikarte über den Tisch: »Da kann ja wohl irgendwas nicht stimmen. Fällt dir denn gar nichts auf an deiner Karteikarte?«

»Nein, was soll mir da auffallen?« erwiderte ich unschuldig.

»Wie alt bist du?«

»Steht doch da, wann ich geboren bin.«

Er blickte mich scharf an: »Mein liebes Hänschen. Ein bisschen Menschenkenntnis habe ich ja doch. Du bist nicht so alt, wie auf deiner Karte steht. Sag mir dein richtiges Alter.«

Ich muss wohl ganz verlegen und verschreckt ausgesehen haben, denn er ermunterte mich: »Mir darfst du die Wahrheit sagen. Ich stehe auf eurer Seite, ich bin einer, der versucht, Menschen am Leben zu halten. Wie alt bist du?«

»Ich bin 1926 geboren«, gab ich zu.

»Gut, jetzt weiß ich Bescheid.«

Ein, zwei Wochen später rief Ede Besch mich wieder zu sich, um sich nach meiner Arbeit zu erkundigen. Ich erzählte ihm vom Kommando 12, und auf seine Nachfrage, mit wem ich da zusammenkäme, von den anderen Häftlingen, den wenigen Zivilarbeitern und dem Meister.

»Hast du schon mal versucht, mit Polen oder *Volksdeutschen*[7] Kontakt aufzunehmen?«

7 Sogenannte Volksdeutsche waren außerhalb des Deutschen Reiches lebende Personen, deren Vorfahren aus Deutschland ausgewandert waren. Obwohl sie andere Staatsangehörigkeiten besaßen, beanspruchte das NS-Regime das alleinige Recht, sie zu vertreten.

»Ja, wir unterhalten uns manchmal ganz flüchtig.«

»Sag mal«, kam er langsam auf den Punkt, »wer den Mut hat, sich auf der Rampe älter zu machen, der muss doch auch den Mut haben, im Lager irgendetwas zu tun, was gegen die Gesetze verstößt, oder?«

Ich zögerte: »Wenn es nicht mein Leben kostet, habe ich den Mut dazu.«

Ede Besch beendete das Gespräch an diesem Abend mit den Worten: »Ich werde dich noch einige Zeit beobachten und dich eines Tages rufen lassen.«

Innerhalb des Lagers waren Häftlinge für Verwaltungsarbeiten eingesetzt. Im März 1943, als Ernst und ich in Monowitz eingeliefert wurden, war die Kontrolle der von den Häftlingen besetzten Positionen bereits weitgehend in den Händen der politischen Häftlinge. Zwar gab es immer noch *Grüne*[8] an einflussreichen Stellen, aber die Häftlinge, die schon länger da waren, erzählten, die Situation habe sich inzwischen sehr verbessert. Früher seien unter den Kriminellen besonders viele brutale und korrupte Schläger gewesen.

Trotzdem blieb es für einen Neuankömmling von lebenswichtiger Bedeutung, innerhalb der ersten Wochen einen Häftling zu finden, der genügend Einfluss hatte, um ein bisschen Unterstützung und Schutz bieten zu können. *Funktionshäftlinge* wie Emil Meier oder Ede Besch konnten die Arbeitsbedingungen in den schweren Kommandos zwar auch nicht ändern, aber sie vermochten es, einzelnen einen anderen Arbeitsplatz zu besorgen. Für sie war es möglich, zu dem Kapo von Kommando 12 zu gehen und ihn zu überreden, einen Häftling einige Zeit in sein Kommando aufzunehmen. Aber allen konnten sie auch nicht helfen …

Nur mit der Hilfe von Emil Meier und Ede Besch – und dank dem glücklichen Zufall, Kommando 12 zugeteilt worden zu sein – gelang es Ernst und mir, länger als zwei Monate zu überleben. Danach wurden wir als »alte« Häftlinge angesehen, denn von allen, die im Sommer

8 Die wegen »krimineller Vergehen« ins KZ eingelieferten Häftlinge wurden in der Lagersprache als »Grüne« bezeichnet, da sie einen grünen Winkel auf der linken Brustseite oder am Hosenbein tragen mussten.

1943 eine Nummer unter 200 000 hatten, wusste man: Die sind schon lange hier, die haben lange durchgehalten.

Die SS

Wir hatten noch einen Vorteil, der uns half zu überleben: Wir verstanden die Lagersprache – Deutsch. Wenn die SS-Männer herumbrüllten, wussten wir sofort, worum es ging, während viele andere nur deshalb brutal verprügelt wurden, weil sie kein Wort verstanden. Gefährliche Begegnungen mit der SS gab es besonders morgens und abends auf dem Weg ins Buna-Werk. Sobald wir die Postenkette passierten, suchten die SS-Männer sich vor allem unter den Neuankömmlingen, die man an der Kleidung und den frischgeschorenen Haaren erkennen konnte, einen aus. Sie nahmen ihm die Mütze weg, warfen sie hinter sich und brüllten ihn an: »Hol deine Mütze wieder!« Der Verlust der Mütze zog schwerste Bestrafung nach sich und oft wurden Häftlinge, die verzweifelt hinter ihrer Mütze her rannten, »auf der Flucht erschossen«.

Wer länger im Lager war, wusste, dass jeder SS-Mann, der einen Häftling »auf der Flucht erschossen« hatte, drei Tage Sonderurlaub, zwanzig Zigaretten und einen Viertelliter Schnaps erhielt. Uns »Alten« half unsere Routine – wir sprangen nicht hinter unseren Mützen her, weil wir wussten, dass man in kürzester Zeit eine »verlorengegangene« durch die eines toten oder sterbenden Häftlings ersetzen konnte. Wir achteten auch darauf, in den Fünferreihen nicht außen, sondern in der Mitte zu marschieren, wo wir vor den Übergriffen der SS besser geschützt waren.

Innerhalb des Lagers war es nicht so schwer, Begegnungen mit der SS zu vermeiden. Dort hielten sich weniger SS-Männer auf. Sobald es dunkel wurde, patrouillierten zwar ein paar Lagerführer über das Gelände. Wenn die Lagersperre verhängt wurde, tauchten vielleicht zwanzig bis dreißig Männer auf, die mit Fahrrädern oder Motorrädern zwischen den Blocks herumfuhren, um zu kontrollieren, ob sich kein

Häftling mehr draußen aufhielt. Aber sonst begegnete man der SS nur bei den Appellen. Es kam allerdings immer wieder vor, dass SS-Männer tagsüber, während wir bei der Arbeit waren, ins Lager gingen, um Vorwände zu schaffen, uns zu schikanieren. Sie fanden es unterhaltsam, in den Blocks die Betten zu zerwühlen und abends zu behaupten, wir hätten diese nicht richtig gebaut. Als Bestrafung wurde nicht nur das Essen gestrichen, sondern wir mussten auch »Strafexerzieren«. Dafür erschienen einige *Rapportführer* der SS im Block. Sie schrien den Häftlingen, die in einer Reihe antreten mussten, in pausenloser Folge Befehle zu: »Auf die Betten! Unter die Betten! Schneller!« Wer nicht schnell genug war, bekam den Knüppel zu spüren. Nur die Angst, erschlagen zu werden, mobilisierte in unseren erschöpften Körpern noch die Kraft, solche »Übungen« zu bewältigen. Doch nach wenigen Minuten blieben die Ersten am Boden liegen und wurden zusammengeschlagen. Erst wenn den SS-Männern die Lust vergangen war, befahlen sie uns, unsere Betten nun »ordentlich« zu bauen und drohten, in einer Stunde zur Kontrolle wiederzukommen. Meistens erschienen sie nicht mehr, aber das Warten auf weitere Schikanen zermürbte besonders die neuen Häftlinge. Als ich schon länger im Lager war, bemühte ich mich, beim »Exerzieren« weiter nach hinten, in die letzten Bettreihen, zu springen. Dort konnte man sich an den unübersichtlichen Stellen eher drücken. Doch dieser Rückzug hatte auch einen Nachteil: Man erstickte fast an dem aufgewirbelten Staub.

Quälereien erwarteten uns auch, wenn die SS auf dem Appellplatz Fußball spielen wollte – entweder unter sich oder gegen prominente Häftlinge, die Blockältesten oder die Kapos. Untrügliche Anzeichen dafür entdeckten wir bei der abendlichen Rückkehr ins Lager. Sobald Fußballtore auf dem Appellplatz aufgebaut waren, musste man damit rechnen, dass die SS die Häftlinge zwang, den nassen, dreckigen Platz zu trocknen. Wenn es einem nach dem Appell bei dem Befehl »Lagerstärke stimmt. Rechts und links um. Block eins bis zehn bleibt stehen!« nicht gelang, schnell in einem anderen Block unterzutauchen, war man schlecht dran: Nachdem die SS zehn Blocks zwei-, dreimal gezwungen hatte, auf dem Bauch über den Platz zu robben, hatten sie ein trockenes Fußballfeld. Damit war für uns die Quälerei aber noch nicht zu Ende, denn zum Morgenappell hatten wir mit sauberer Kleidung zu erscheinen. Also stürmten wir in die Waschräume und jeder versuchte, mit irgendwelchen Bürsten oder anderen primitiven Hilfsmitteln seine Sachen zu waschen. Diese waren am nächsten Morgen zwar einigermaßen sauber, aber immer noch nass.

Knopflöcher, Schuhe und Zementtüten

Die Häftlingskleidung bestand aus dünnem Drillich. Nur ganz selten hatte einer anfangs das Glück gehabt, einen etwas dickeren Anzug zu bekommen. Stattdessen hatten die blau-weiß gestreiften Hemden oft nur einen, manchmal gar keinen Ärmel. Und fehlende Knöpfe konnten zu einem lebensbedrohlichen Problem werden, da die SS ab und zu kontrollierte, ob eine Jacke mit sechs Knopflöchern auch sechs Knöpfe hatte. Wehe dem, der nicht alle vorzeigen konnte. Um uns vor Prügeln zu schützen, organisierten wir zum Befestigen der Knöpfe dünnen Draht. So konnten sie nicht verloren gehen.

Die Häftlinge aus unserem Transport durften ihre eigenen Schuhe behalten – die Direktoren der I. G. Farben hatten wohl eingesehen, dass wir auf der Baustelle des Buna-Werks ohne vernünftige Schuhe wenig leisten konnten. Die meisten anderen im Lager mussten Holzpantinen tragen, in denen die Füße schon nach wenigen Tagen wund und blutig waren. Der Besitz von Schuhen bedeutete das halbe Leben, denn mit kaputten Füßen konnte man nicht richtig laufen, und wer nicht voll arbeitsfähig war, wurde schnell »überflüssig«. Ich trug erst meine eigenen Schuhe auf, dann organisierte ich mir neue Lederschuhe. Wenn ich einen toten Häftling sah, der vielleicht gerade erst vierzehn Tage im Lager gewesen war, hieß es: Nichts wie hin, ihm die Schuhe ausgezogen, meine danebengestellt und die guten wieder angezogen. Leichen wurden für uns etwas ganz Gewöhnliches, sie interessierten uns nicht weiter. Man versuchte nur, sie mit dem Fuß umzudrehen und zu erkennen, wenn man annahm, es sei ein Bekannter.

Obwohl ich wegen der Schuhe nicht klagen konnte, litt ich wie alle anderen unter dem Wetter in Auschwitz. Vier Monate lang schien die Sonne unerträglich heiß, die restliche Zeit gab es nur Regen, Regen, Regen oder Schnee. Einen Großteil des Jahres hing so dichter Nebel über der Landschaft, dass die SS uns morgens früh nicht aus dem Lager ließ, um Fluchtversuchen vorzubeugen. Zu bestimmten Jahreszeiten mussten wir mehrmals die Woche nach dem Appell stehen bleiben, bis der Nebel sich gelichtet hatte. Dafür rückten wir dann auch sonntags zur Arbeit aus.

Bei Nebel oder Regen kehrten wir abends durchnässt wie Katzen von der Arbeit zurück. Wenn das Wasser beim Essenanstehen nur so an uns herunter triefte, erlaubte uns der Blockälteste, uns schon währenddessen auszuziehen. Meist reichte die Zeit bis zum nächsten Morgen trotzdem nicht aus, um die Kleidung zu trocknen und am nächsten Tag froren wir schrecklich in unseren immer noch nassen und klammen Sachen. Der Körper hatte kaum noch Widerstandskraft, und viele von uns starben an Lungenentzündung. Es gab ein Mittel, mit dem wir uns zu helfen versuchten: leere Zementtüten. Wir rissen die innerste zementverklebte Seite heraus, machten oben ein Loch hinein und trugen die übergestülpten Tüten unter unserer Kleidung. Das trockene Papier wärmte ein wenig. Als die SS-Männer dies nach einiger Zeit spitzgekriegt hatten, machten die Wachposten sich einen Spaß daraus, während der Arbeit mit einem Stock an den Häftlingen vorbeizugehen und ihnen auf den Rücken zu schlagen. Wenn es nach Papier raschelte, hatte für dich die Stunde geschlagen – nach der Bestrafung spürtest du nicht mehr, ob du einen nassen oder trockenen Anzug anhattest.

Beim Kraftwerk-Gerüst, auf dem Ernst und ich arbeiteten, lagen die Zementtüten unten an der Winde. Wir konnten sie nach oben holen und erst dort unterziehen. Die SS-Männer hüteten sich davor, dort oben herumzuklettern. Unser Arbeitsplatz erweis sich also bei Regen und

Nebel als sehr vorteilhaft. Doch im Winter bei Kälte und Schnee stellte er sich als besonders gefährlich heraus. Die Träger des Stahlgerüsts wurden eisglatt und so kalt, dass die Hände an ihnen festfroren. Weil es nur selten gelang, Handschuhe zu organisieren, froren vielen Häftlingen die Finger ab. Einige rutschten auch aus und stürzten in die Tiefe.

Stubendienste

Bei Ede Besch wurde ich erst Hilfsstubendienst, später zweiter Stubendienst. Dieser musste im Gegensatz zum ersten Stubendienst weiter mit den Arbeitskommandos ausrücken und nur abends bei bestimmten Dingen, wie der Brotverteilung, der Essensausgabe oder beim Margarineschneiden helfen. Und natürlich putzte ich dem Blockältesten die Stiefel. Manchmal konnte mich Ede aber auch tagsüber zu Arbeiten im Lager abkommandieren. So wies er mich einmal an, ihn beim Brotholen zu begleiten: »Du hast nichts anderes zu tun, als aufzupassen, wie ich das Brot zähle! Wenn du einmal erster Stubendienst bist, musst du es genauso machen, wie ich es dir jetzt zeige.«

Vierhundert Mann im Block erhielten hundert kleine Kommissbrote, die im Magazin an verschiedenen Stellen ausgegeben und auf Tragen gepackt wurden. Weil nur ein einziger SS-Mann aufpasste, mussten die Häftlinge laut hörbar mitzählen. Wir beobachteten ihn ständig genau. Sobald er in eine andere Richtung guckte und die anderen im Visier hatte, zählten wir die Zahlen doppelt: »Zwei, vier, sechs, acht, acht, zehn, zwölf, vierzehn, sechzehn, achtzehn, achtzehn …« Nach dieser Einführung begleitete ich Ede öfter. Als ich einmal beim Falschzählen erwischt wurde, musste ich mich direkt über die Brottrage beugen: zehn Schläge auf den Hintern. Der SS-Mann benutzte eine Art Besenstiel als Prügel. Ich hatte Glück, denn bei den offiziellen Bestrafungen auf dem Appellplatz wurden die Häftlinge auf dem Bock mit einem Ochsenziemer geprügelt. Dabei platzte die Haut bereits nach den ersten Schlägen auf. Als meine Bestrafung beendet war, achtete der Posten nicht mehr sonderlich auf mich. Er dachte wohl, die Strafe habe mich eingeschüchtert – und so konnte ich weiter falsch zählen.

Das zusätzliche Organisieren von Essen war eine lebensnotwendige Aufgabe. Wer nur die zugeteilten Rationen erhielt, war bald völlig am Ende seiner Kräfte und starb innerhalb kurzer Zeit. Unsere Essensrationen bestanden aus dem morgendlichen »Kaffee«, jeweils einem Napf Suppe mittags und abends, zu dem ein kleines Stückchen Margarine hinzukam und alle acht bis zehn Tage einmal eine dünne Scheibe Käse oder Wurst, selten auch eine Kartoffel, die aber meist schon stinkig und faulig war. Das Brot, das am Abend ausgeteilt wurde, sollte eigentlich bis zum Morgen aufbewahrt werden, aber das war unmöglich: Der Hunger war riesig, sodass wir uns einfach nicht beherrschen konnten. Zudem war der eigene Magen der sicherste Platz, um einem nächtlichen Diebstahl vorzubeugen. Es gab oft Tumulte im Block, wenn Häftlinge erwischt wurden, die ihren Kameraden Brot stahlen. Sie wurden häufig sofort totgeschlagen – aber was nutzten diese Warnungen, wenn die Menschen am Verhungern waren?

Der Hunger verfolgte mich bis in den Schlaf. Ich träumte, dass eine uns bekannte Familie in Obringhausen im Sauerland für ihre Schweine Kartoffeln und Kohlrabi gekocht hatte, und ich mich über den Schweinepott hermachte und richtig satt aß. Eine Möglichkeit, zusätzliches Essen zu besorgen, bot sich bei den morgendlichen und abendlichen Aufenthalten in der Latrine. Dort hatte sich eine richtige Börse entwickelt, auf der man vom Knopf über Draht bis zum Löffel alles tauschen konnte. Besonders hoch im Kurs standen Knoblauch, Zwiebeln und Tabak. Es war unvernünftig, aber manche tauschten sogar Teile ihres Brotes gegen Tabak.

Obwohl uns das Gefühl des Hungers die ganze Zeit im Lager nie verließ, ergaben sich günstige Umstände bei unserer Versorgung. Max Rosenstein, dessen Kind auf der Rampe ermordet worden war, hatte als Beruf Metzger und Viehhändler angegeben. Einige Wochen nach unserer Ankunft war abends seine Nummer aufgerufen worden. Er sollte zur Meldung zum Blockältesten und wir hatten uns schon Sorgen um ihn gemacht, als er nach einer Viertelstunde zurückkehrte und erzählte, dass er für den darauffolgenden Tag in die Küche abkommandiert sei. Er versprach, an uns zu denken. Nachdem er sich vom Hilfsdienst bis zur Suppenabfüllung und Kesselverteilung emporgearbeitet hatte, meldete ich mich freiwillig zum Kesselholen. Ede schaute mich verblüfft an: »Warum bist du plötzlich so scharf darauf, die Suppe zu holen?« Das war ein lausiger Job. Die schweren Kessel mussten im Laufschritt unter den Augen der prügelbereiten SS getragen werden, ohne auch nur das Geringste zu verschütten. Ich erklärte Ede, jemand arbeite in der Küche, dem ich zeigen wolle, dass ich noch am Leben sei. Kaum hatte Max mich entdeckt, riet er mir, in Zukunft immer zwei zusätzliche Männer mitzubringen. Statt acht gingen seitdem zehn Häftlinge aus unserem Block zur Küche – und in vielen Fällen kamen wir mit einem zusätzlichen Kessel Suppe zurück.

Das Essenausgeben, eine Aufgabe der Stubendienste, ging oft ungerecht zu, weil die Suppe erst von oben abgeschöpft und das bisschen Dicke am Topfboden an die besten Freunde verteilt wurde. In meiner Zeit als Stubendienst habe ich so etwas grundsätzlich vermieden: Bevor ich anfing auszugeben, rührte ich mit der langen Kelle richtig um, sodass jeder mal ein Stückchen Kartoffel in seinem Napf finden konnte. Aber es gab auch Betrug, selbst bei den Lagerältesten, auch bei Ede Besch. So war es bei der Margarineverteilung, bei der jeder Häftling von einem Block ein kleines Würfelchen erhielt, die Pflicht des Stubendienstes, erst einen größeren Würfel für die Blockältesten und die Stubendienste abzuschneiden. Das war Betrug an den eigenen Kameraden, aber was half es? Es musste sein.

Der Hund des Kommandanten

Der Kommandant von Monowitz, Heinrich Schwarz, ging regelmäßig abends auf seinem Kontrollrundgang noch einmal allein durch das Lager. Wenn ihm irgendetwas auffiel, rief er den Häftling zu sich, verlangte die Nummer und schrieb sie sich auf. Diese Häftlinge mussten sich morgens in der Blockführerstube melden. Schwarz' Schäferhund lief immer im Umkreis von hundert Metern um ihn herum. Als ich eines Abends schon fast zur Barackentür raus war, warnte Ede mich schnell: »Da ist der Hund von Schwarz.«

Ich erwiderte: »Und? Wollen wir ihn wohl fangen?«

Ede schaute mich verblüfft an: »Und dann?«

»Dann grillen wir ihn.«

»Wie willst du den Hund denn fangen?«

»Ich fang ihn schon.«

»Und wie willst du ihn totkriegen?«

»Da mach dir keine Sorgen drum.«

»Ich weiß von nichts. Das geht auf deine Verantwortung«, murmelte Ede und verschwand in seiner Kammer.

Ich öffnete die Tür einen kleinen Spalt breit und pfiff leise, bis der Hund aufmerksam wurde und im Sturm auf die Baracke zu rannte. Als er auf die Tür zusprang, öffnete ich diese ein wenig und packte die Vorderläufe. Ich riss sie auseinander – der Hund war tot.

Ruckzuck versteckte ich meine Beute im hintersten Strohsack. In der Nacht stand ich auf, holte mir bei Ede ein Messer und zerlegte den Hund in sechs oder sieben Teile. Am nächsten Morgen schmuggelten wir das Fleisch, unter der Häftlingskleidung versteckt, mit raus. Tagsüber kochten wir unser Festmahl. Es hat wunderbar geschmeckt.

Später kam die SS mit einem ganzen Haufen von Männern ins Lager, um den Hund von Schwarz zu suchen. Sie pfiffen, schauten in jede Ecke. Vielleicht dachten sie, er sei in den elektrischen Draht gelaufen. Jedenfalls kam keiner auf die Idee, dass jemand den Hund in die Baracke gelockt und auseinandergerissen haben könnte.

Erste Kontakte zum Widerstand

Ich war schon länger bei Ede Stubendienst, als er mich eines Tages auf meine Kontakte im Werk ansprach. Ich erzählte ihm von dem Zivilarbeiter Jan Krupka, einem Volksdeutschen aus Oberschlesien, der einigermaßen Deutsch sprach. Am Ende meines Berichts fügte ich hinzu: »Ich habe mit seiner Hilfe einen Brief nach Deutschland an meinen Vetter geschickt.«

»Was hast du?« schrie Ede und verlangte im gleichen Atemzug, ihm alle Einzelheiten zu erzählen.

Dass Jan Krupka, dessen Mutter Polin war, den Deutschen nicht gut gesinnt war, hatte ich aus einer beiläufigen Bemerkung von ihm geschlossen. »Dieses Werk baut ihr nicht für die Deutschen, sondern für uns«, hatte er vor sich hingemurmelt. Als ich etwas Vertrauen gefasst hatte, ging ich zu ihm und erzählte ihm von meinen »halbarischen« Vettern Karl und Emil Friedrich in Schmallenberg.« Was willst du von mir?«, fragte Jan misstrauisch. Nach meiner Erklärung, ich wolle einen Brief schreiben, zeigte er auf meine gestreifte Häftlingsjacke: »Du willst, dass ich auch diese Uniform trage?«

Ich erwiderte, er könne es sich ja in Ruhe überlegen. Nach drei oder vier Tagen kam Jan zu mir: Ich solle schreiben. Ernst besorgte uns eine leere Zementtüte – man konnte die herausgerissenen mittleren, nicht zementverklebten Lagen als Papier benutzen – und lieh sich von Jan einen Bleistift, mit dem ich mich in eine unübersichtliche Ecke verdrückte.

Ich schrieb: »Dieser Brief kommt von einem Menschen, der es gut mit uns meint. Wir sind in einem Konzentrationslager. Auschwitz ist ein Vernichtungslager. Aus Schmallenberg ist außer Ernst und mir niemand mehr am Leben. Hier sterben jeden Tag viele Menschen, und täglich kommen neue Transporte mit Menschen an, die sofort umgebracht werden. Wenn die Juden ermordet sind, wird man auch die Halbjuden nach Auschwitz bringen. Versteckt euch! Versucht, irgendwo unterzutauchen, damit ihr offiziell nicht mehr existiert, sonst landet ihr auch hier.« Am Schluss folgte eine große Bitte: »Geht bitte zu Daniel Marburger, der noch eine goldene Sprungdeckeluhr von unserem Vater hat, und tauscht diese Uhr beim Café König gegen Brot. Schickt es an den Absender dieses Briefes.« Auf einem weiteren Zettel hatte ich Jan die genaue Adresse notiert.

»Und?« unterbrach Ede meine Erzählung. »Hat er den Brief abgeschickt?«

»Ja.«

»Hast du Antwort bekommen?«

»Nein.«

Ede machte noch einige besorgte Kommentare, aber ein paar Tage nach unserem Gespräch kamen drei Brote auf der Winde an – ohne Brief. Ernst und ich aßen sie sofort auf – nicht nur weil wir so hungrig waren, sondern auch aus Angst davor, dass jemand vom I. G. Farben-Konzern das Brot finden und so einen Kontakt nach draußen beweisen könnte. Das wäre unser sicherer Tod gewesen. Ich ging noch am selben Tag zu Ede: »Die Antwort ist da.«

»Wie? Was haben sie dir denn geschrieben?«

»Sie haben mir gar nichts geschrieben, aber es kamen drei Brote.«

Als er wissen wollte, wo die seien, zeigte ich auf meinen Bauch. Nach dieser Geschichte nannte Ede mir drei Häftlinge und fragte, ob ich sie kennen würde, was ich bejahte. Es waren drei Mitglieder des *Widerstands* in Auschwitz. »Wenn die auf dich zukommen und dir die Hand geben«, wies Ede mich an, »nimm das, was sie in der Hand haben mit raus ins Werk. Gib es Jan Krupka. Du brauchst ihm nicht viel dazu zu sagen. Nur: Weitergeben an den Widerstand draußen.« Alles klappte wie am Schnürchen, und bald danach kam jeden zweiten Tag ein Kassiber.

Der Widerstand

Ede war ganz aufgeregt: »Es muss ein Kassiber raus, der mit hundertprozentiger Sicherheit und auf dem schnellsten Wege nach London gehen soll. Dein Jan Krupka muss uns helfen. Tempo, Tempo!« Ich erledigte den Auftrag sofort, brauchte aber drei Tage, bis ich den Mut fasste zu fragen, was denn der Inhalt gewesen sei.

»Es waren Pläne von Birkenau«, antwortete Ede. »Die Bahngleise, die Krematorien, alles auf feinsten Skizzen aufgeführt, mit der Bitte, schmeißt die Krematorien kaputt, schmeißt die Gaskammern kaputt, schmeißt die Bahngleise kaputt.«

Ein anderes Mal wurde ich zum Organisieren nach Birkenau geschickt. »Du hast nichts anderes zu tun, als auf der Rampe zu gucken, was du dort findest«, wies Ede mich an.

»Was soll ich da finden?«

»Ringe, Gold und so weiter.«

Ein polnischer Jude, der bei der Besprechung dabei war, weil er auch eine Funktion im Widerstand hatte, wandte sich an mich: »Bring Lockschen mit.«

Ich wusste, dass Lockschen in der jiddischen Sprache Nudeln waren, so viel hatte ich schon gelernt. »Nudeln? Was willst du mit Nudeln?«

»Was bist du für ein dummer jeckischer Jude. Lockschen sind Dollars.«

»Aha, jetzt weiß ich mehr.«

»Aber bring harte mit, nicht weiche!«

Verwundert starrte ich ihn an: »Was ist denn der Unterschied zwischen harten und weichen Lockschen?«

»Golddollars sollst du mitbringen!«

Wenn die Juden aus den Zügen ausgeladen worden waren, mussten das *Rotkäppchen-* und das *Weißkäppchenkommando*[9] – beides Frauenkommandos – das Gepäck auf der Rampe sortieren. Die guten Sachen

9 Die so bezeichneten Frauen-Kommandos waren in der Häftlingssprache nach der Farbe ihrer Kopftücher benannt.

wurden wieder verladen, zurückgeschickt und als Spenden des Winterhilfswerks deklariert an die deutsche Bevölkerung verteilt. In Wirklichkeit war das der Besitz der nach Auschwitz deportierten und ermordeten Juden. Die Reste, die im Lager blieben, verwaltete das Kommando *Kanada*.[10]

Nachdem es einen Skandal wegen Bereicherung von SS-Männern gegeben hatte, konnten diese es sich nicht mehr erlauben, Wertsachen von der Rampe zu stehlen. Der Widerstand hatte dafür gesorgt, dass die SS die Häftlinge, die als Begleitung mit nach Birkenau fuhren, nicht mehr so genau unter die Lupe nahm, sodass wir uns einigermaßen frei bewegen konnten. Da jeder, der mit dem LKW rausfuhr, genauestens registriert wurde, musste man nur darauf achten, die Rückfahrt nicht zu verpassen. In der Zwischenzeit organisierten wir Kleidung und Wertsachen, mit denen die SS bestochen werden konnte. Einen Ring von zehn Karat tauschte ein SS-Mann vielleicht gegen eine Wurst oder ein Brot. Manchmal, wenn auch selten, kam sogar Schnaps im Block an. Oftmals organisierten wir über das Kommando Kanada jedoch einfach nur zusätzliche Kleidung für die Häftlinge.

Zu Diskussionen trafen sich die politischen Häftlinge meist abends, nach dem Appell, wenn es ruhiger im Lager wurde. Sobald sie sich bei Ede im Verschlag versammelten, durfte ich dabei sein. Die Kommunisten organisierten politische Bildung, sangen ein Loblied auf den Sozialismus, und ich hörte neugierig zu, als ganz unpolitischer dummer Junge. »Ihr seid doch Sozialisten?«, wagte ich mich eines Tages zu fragen. »Was ist der Unterschied zwischen einem Kommunisten und einem Sozialisten?« »Es gibt Sozialisten, es gibt Kommunisten, es gibt Bolschewisten, Stalinisten, Leninisten und so weiter«, zählten sie auf, aber ihr Versuch, mir die Unterschiede zu erklären, half nur wenig weiter.

Die Häftlinge, die Kontakt zum Widerstand hatten, wussten auch, wie die Front verlief. Als nach dem Sieg der Roten Armee bei Stalingrad

10 Kanada« war eine von polnischen Häftlingen geprägte Bezeichnung für das riesige Materiallager mit beschlagnahmten Gegenständen des Vernichtungslagers Auschwitz-Birkenau. Sie nannten es so, weil Kanada in Polen als unermesslich reiches Land galt.

Nachrichten über den Rückmarsch der Deutschen eintrafen, schöpften wir Hoffnung. Wir begannen, die Monate zu zählen und uns auszurechnen, wie lange es noch dauern könnte, bis wir befreit würden.

Sabotage

»Sabotieren, wo ihr nur sabotieren könnt! Jedes Teilchen, das wir ihnen kaputt machen können, verkürzt den Krieg und bringt uns unserer Befreiung näher.« Darauf legten die Kommunisten besonderen Wert, und das versuchten wir so gut wir konnten auch im Buna-Werk zu verwirklichen. Wenn sich Vertreter des I. G. Farben-Konzerns zu einer Werksbesichtigung angemeldet hatten, gab es vorher immer Aufregung bei der SS. Sie war schließlich dafür verantwortlich, dass richtig gearbeitet wurde und die Ein- und Ausmärsche klappten. Sobald die SS von solchen Plänen wusste, erfuhren es auch die politischen Funktionshäftlinge über ihre Quellen. Eines Tages erreichte uns die Nachricht, es sei eine Besichtigung des Kraftwerks mit einem Probelauf der Turbine Vier geplant. Ich leitete die Information an Fred Salomon weiter, einen Bochumer Häftling aus dem Elektrikerkommando, den ich aus der Lehrwerkstatt in Dortmund kannte. Er versicherte mir: »Geht in Ordnung, ich weiß Bescheid. Verlass dich nur auf mich.«

An dem Tag, als die Besichtigung stattfand, konnten wir oben auf den Trägern des Stahlgerüsts unauffällig beobachten, was unten vorging. Die hohen Herren erschienen wie angekündigt beim Kraftwerk. Große Reden wurden geschwungen, dann ging einer der Techniker zu dem großen Schaltkasten und riss den Hebel nach unten, um die Turbine zu starten. Statt zu demonstrieren, wie viele Kilowatt-Stunden sie auf vollen Touren liefern konnte, gab es in dem Moment, als der Hebel den Kontakt berührte, nur einen lauten Knall. Wir konnten eine große Stichflamme und Qualm sehen, der Geruch von verbrannten Kabeln stieg in unsere Nasen – Fred Salomon hatte erfolgreich für Kabelsalat gesorgt. Unten war natürlich der

Teufel los: Die SS-Männer schrien herum und wollten wissen, wer in der Nähe des Schaltkastens gearbeitet hatte. Willkürlich suchten sie Häftlinge heraus, denen befohlen wurde, sich abends in der Blockführerstube zu melden. Wegen dieses Sabotageakts wurden einige Häftlinge gehenkt, aber es ist nie herausgekommen, wer wirklich verantwortlich war.

Die Maurerschule

Vorarbeiter, Kapos und Blockälteste konnten sich lebenswichtige Vorteile verschaffen: Sie wohnten nicht nur in ihrem eigenen Verschlag, sondern trugen oft handgemachte Stiefel mit einer hohen Kappe und ganz engen Schäften, die von polnischen Schustern in Auschwitz angefertigt wurden. Ich hatte Ede Besch diese Stiefel schon etliche Male geputzt, als er im Frühjahr 1944 seinen Posten als Blockältester verlor, weil er sich gegenüber der SS zu viel herausgenommen hatte. Die SS-Männer ließen sich von polnischen Juden Strümpfe stricken – für uns Häftlinge, die meist nur Fußlappen trugen, eine absolute Mangelware. Also wandte sich Ede an das Strickkommando und bestellte fünf Paar. Als die SS-Männer sich ihre Strümpfe abholen wollten, waren diese noch nicht fertig. Zu ihrer Rechtfertigung erklärten die Häftlinge, sie hätten in der Zwischenzeit fünf Paar für den Blockältesten von Block 8 gestrickt.

Ich war gerade im Block beschäftigt, als die SS-Männer rasend vor Wut hereinstürmten und Ede, der völlig unbeteiligt tat, anschrien: »Steh erst mal stramm! Wo sind die Strümpfe?«

»Was für Strümpfe?«

»Du hast dir von den Juden Strümpfe stricken lassen. Wo sind die? Die haben wir bestellt.«

Schnell wurde klar, dass es Ede nichts mehr nutzte zu leugnen. Er zog seine Strümpfe aus, holte die anderen vier Paare aus seinem Spind und übergab sie dem SS-Mann, der ihm am nächsten stand. Daraufhin zog ein anderer das lange Messer heraus, das sie immer mit sich trugen, und ging auf Ede zu. Er zerschnitt die rote Armbinde und riss sie mit einem Ratsch herunter: »Du bist die längste Zeit Blockältester gewesen. Ab morgen gehst du in die Strafkompanie!«

Ede besaß noch die Frechheit zu erwidern: »Das bestimmt ihr beiden aber nicht alleine.« Zu SS-Leuten!

Sobald wir wieder alleine waren, setzte ich mich zu ihm: »Und was wird jetzt aus dir?«

»Ich gehe heute Abend erst mal zu der obersten Leitung, zum Lagerältesten und zum Lagerkapo«, beruhigte Ede mich.

Bevor das Licht gelöscht wurde, kehrte er noch einmal kurz in den Block zurück und informierte mich, dass er sich für einige Zeit in den Krankenbau verdrücken werde. Dort sei er vorerst vor der SS sicher, die diesen Block aus Angst vor Infektionen mied. Zu meiner Beruhigung kam Ede nach vier oder sechs Wochen gutgelaunt zurück: »Bist du mal Maurermann gewesen?«

»Was soll ich denn alles gewesen sein mit meinen paar Jahren, die ich auf der Welt bin?«

»Ich leite ab morgen ein neues Kommando: das Kommando 236, eine Maurerschule, vor allem ungarische und polnische Juden. Du bist ab sofort mein Vorarbeiter.«

»Ich kann aber nicht mauern.«

»Das bring ich dir bei. Tritt morgen an.«

Während Ernst bei der Hochmontage blieb, landete ich also im Kommando Maurerschule. Die mit Lehm gemauerten Wände – im Kreuzverband oder Blockverband – wurden begutachtet und wieder eingerissen. Tausende von Häftlingen durchliefen jeweils ungefähr zwölf Wochen diese Schule, bevor der I. G. Farben-Konzern sie in Maurerkolonnen im Werk einsetzte. Die neue Arbeit war nicht übel, aber etwas anderes machte die Monate in der Maurerschule sehr bedrückend: Sie lag direkt zwischen dem Lager und den SS-Unterkünften. Wir mussten mit ansehen, wie die SS-Männer sich die schönsten Frauen, die sie auf der Rampe in Birkenau ausgesucht hatten, in ihre Unterkünfte mitnahmen, eine Nacht lang eine Orgie feierten und sie am nächsten Tag zurückschickten – in die Gaskammern.

Der Krankenbau

In den Krankenbau zu gelangen war schwerer, als beim Papst eine Audienz zu bekommen. Der Block wurde von der SS scharf bewacht und war zusätzlich mit einem elektrisch geladenen Zaun vom restlichen Lager abgetrennt. Aber gerade dieser Ort war ein guter zeitweiliger Unterschlupf, weil sich aus Angst vor Flecktyphus kein Wachposten dort hinein verirrte. Die Leitung des Krankenbaus lag in den Händen von Ärzten, die selbst Häftlinge waren. Es gab keinen Mangel an guten Ärzten – jeden Tag kamen mit den Transporten neue an –, aber sie konnten kaum helfen, da weder Verbandszeug noch genügend Medikamente vorhanden waren. Wunden wurden mit Krepppapier verbunden, und nur wenige Medikamente konnten vom Widerstand mithilfe der Partisanen ins Lager geschmuggelt werden. Die Ärzte versuchten ihr Möglichstes, um den Kranken zu helfen, aber wer nach zwei Wochen nicht wieder arbeitsfähig war, wurde von SS-Ärzten selektiert und in die Gaskammern geschickt.

Mein Bruder lag bereits zehn Tage mit Gelbsucht im Krankenblock, als Ede nach dem Abendappell zu mir kam: »Ist dein Bruder noch im Krankenbau?«

»Ja. Warum?«

»Dann sieh mal zu, dass er bis morgen früh wieder rauskommt. Es gibt eine *Selektion.*«

Ich musste Ernst warnen, aber es war schwierig, als Häftling an den Wachposten vorbeizukommen. Mein erster Versuch, ganz dreist zu behaupten, im Krankenbau etwas erledigen zu müssen, scheiterte. Der SS-Mann – seinen Namen, Neubert, habe ich erst lange nach dem Krieg erfahren – wurde misstrauisch und verjagte mich mit Schlägen und Tritten. Ungeduldig wartete ich, bis er am späten Abend endlich abgelöst wurde. Dann versuchte ich es noch einmal. Diesmal klappte es. Ich beeilte mich, ans Bett meines Bruders zu kommen und flüsterte ihm zu: »Morgen früh entlassen werden! Dringend!«, und schon war ich wieder draußen. Ernst, der sofort begriffen hatte, ging ganz früh am nächsten

Morgen zum Häftlingsarzt und behauptete, er fühle sich wieder gesund. Gerade noch rechtzeitig wurde er entlassen, bevor Dr. Fischer und seine Männer zu Selektion im Krankenbau eintrafen. Mein Bruder wäre sonst unweigerlich selektiert und ins Gas geschickt worden.

Die Selektion

Ich litt, wie fast alle Häftlinge, unter Phlegmonen. Glücklicherweise hatte ich sie nur an den Beinen, denn diese eitrigen Entzündungen, die durch Vitaminmangel verursacht wurden, waren äußerst schmerzhaft. Weil es im Lager keine Mittel dagegen gab, behandelten wir uns selbst. Wir kratzten mit Messern das Wildfleisch von den Wunden, rissen einen Streifen Hemd ab und verbanden uns. An einem Sommerabend nach dem Appell zog ich meinen Bruder am Ärmel hinter den Block: »Komm mit. Irgendwas stimmt mit meinen Beinen nicht, es rumort darin, das kannst du dir gar nicht vorstellen.« Ich hatte kaum den Mut, den Verband zu lösen, aber mit einiger Überwindung entfernten wir ihn vorsichtig. Entsetzt starrten wir beide auf mein Bein: In meinen Wunden wimmelte es von Maden. Bis dahin waren die Phlegmonen einigermaßen zu ertragen gewesen, ich hatte noch ganz gut laufen können, aber jetzt wurde es immer schlimmer – es sah so aus, als würde ich von unten her verfaulen.

Alle vier Wochen gab es einen freien Sonntag für uns, an dem – wie es auf die feine Art hieß – »Entlausung« im Lager stattfand. Entlausung bedeutete aber Selektion: Nachdem die Appellglocke die Blocksperre eingeläutet hatte, mussten wir nackt an einem Tisch vorbeigehen, an dem die SS-Männer saßen, unsere Karteikarten vor sich. Wenn du wie ein Muselmann aussahst, wurde deine Karteikarte nach links geschoben. Die so »ausgesonderten« Häftlinge schickte der Blockälteste am nächsten Morgen nach dem Appell zurück in den Block, wo sie tagsüber ein LKW abholte und nach Birkenau transportierte. Es war ein offenes Geheimnis: Wessen Karteikarte nach links wanderte, wurde vergast.

Nach Aufhebung der Blocksperre konnten wir an diesen Sonntagen durch das Lager spazieren, wie wir gerade Lust hatten. Aber was konnten wir da schon sehen? Arme Häftlinge, sonst gar nichts, von denen auch noch viele berichteten: »Ich gehe morgen ab. Meine Karteikarte ist nach links geschoben worden.«

Meine Beine verschlimmerten sich ständig und ich lief Gefahr, ebenfalls ausselektiert zu werden. An einem Samstag suchte ich Ede auf: »Das mit meinen Beinen sieht nicht gut aus. Willst du sie sehen?«

»Ich kann mir vorstellen, wie die aussehen.«

»Wenn ich aber durch die Selektion muss, überstehe ich das nicht.«

Er tröstete mich: »Heute ist doch noch nicht die Selektion.«

»Ja, ich weiß, dass sie morgen ist«, gab ich ungeduldig zurück.

»Bis morgen sind noch 24 Stunden. Reg dich nicht auf über die Selektion von morgen.«

Als ich am Sonntag die Appellglocke und das Gebrüll der Blockältesten »Blocksperre! Alles rein!« hörte, humpelte ich schleunigst zu Ede: »Die 24 Stunden sind rum. Was machen wir denn jetzt?« Ich war furchtbar nervös.

»Hier hast du deine Karteikarte und den Schlüssel von der Besenkammer. Schließ von innen zu und bleib so lange drin, bis ich dich wieder raushole.«

Schweißnass vor Angst überstand ich die Wartezeit in der kleinen Kammer, aber es klappte. Glücklicherweise wurde vor den Selektionen nicht gezählt, und Ede schaffte noch ein weiteres Mal meine Karteikarte beiseite. Er rettete mir damit das Leben.

Es gab noch eine andere Möglichkeit, einen Ausselektierten zu schützen. Man konnte seine Karteikarte mit der eines anderen Häftlings tauschen. Es gab Fälle, bei denen Menschen in dieser Weise vor dem Tod gerettet wurden. Sie mussten aber ihr Leben lang damit fertig werden, dass jemand anderes für sie gestorben war.

In Auschwitz begann ich, an Gott zu zweifeln. Obwohl den Juden das Beten grundsätzlich verboten war, fanden sich die frommen Juden in einer Ecke der Baracke zusammen, um heimlich zu beten. Ich konnte die leise gemurmelten Gebete verstehen, die sie auswendig aufsagten, schloss mich ihnen aber nicht an. Stattdessen provozierte ich ab und zu Diskussionen: »Das ist doch das Schlimmste, was ihr machen könnt. Es gibt keinen Gott! Was hier passiert«, sagte ich Richtung Birkenau zeigend, »das kann nicht sein. Wo ist hier Gott?« Wenn die frommen Juden erwiderten, dass wir etwas falsch gemacht hätten und Gott uns dafür strafen würde, fuhr ich sie wütend an: »Auch die Kinder von vier Wochen? Die haben nichts falsch gemacht!«

Menschenversuche

Im Sommer 1944 kamen tagsüber SS-Männer zu den Stubendiensten. Diesmal sollte es sich als Nachteil herausstellen, dass ich im Block und nicht wie die anderen bei der Arbeit war. »Mach den Mund auf!«, befahlen sie mir. Ich hatte noch gute Zähne, aber genau solche schienen sie zu suchen, denn sie händigten mir, wie zehn oder zwölf anderen auch, einen Zettel aus: »Morgen früh bis 9 Uhr auf der Zahnstation im Krankenbau melden.« Mir blieb keine andere Wahl, als dem Befehl zu folgen.

Am nächsten Morgen stellte ich mich beim Krankenbau vor. Ich wurde aber nicht in den primitiven Raum gebracht, in dem den Häftlingen normalerweise die Zähne behandelt wurden, sondern in eine richtige Praxis mit Zahnarztstuhl und allem drum und dran. Trotz meines Widerspruchs, dass ich keine Zahnschmerzen habe, drückten mich SS-Männer in diesen Stuhl und hielten mich fest. Der SS-Zahnarzt bohrte mir ohne Narkose einen Backenzahn nach dem anderen auf, wobei er nicht eben zimperlich mit mir umging. Nachdem er mir Füllungen in die nun hohlen Zähne gestopft hatte, entließ er mich mit der Aufforderung, mich bei Zahnschmerzen sofort wieder zu melden.

Nach zwei Tagen war es so weit, ich bekam wahnsinnige Schmerzen. Die ganze Prozedur begann von neuem: Alle Backenzähne wurden wieder aufgebohrt und neu gefüllt. Nach jeder Behandlung setzten die

Schmerzen erneut ein und ich musste bis zum Januar 1945 noch zwei-, dreimal ihre Experimente über mich ergehen lassen. Die SS-Ärzte machten regelrechte Versuche mit uns.

»Nach uns kommen die dran!«

Als wir im Sommer 1944 von der Landung der Engländer und Amerikaner in der Normandie erfuhren, freuten wir uns und fassten neuen Mut. Die Nachricht von den auf Befehl Heinrich Himmlers gesprengten Krematorien in Birkenau, die uns Ende des Jahres erreichte, machte uns innerlich fast glücklich, denn wir hofften, dass es jetzt keine Selektionen mehr geben würde. Die noch funktionierenden Krematorien reichten nicht einmal mehr für die Aufgabe aus, die »normal« anfallenden Leichen zu verbrennen: In Monowitz bildeten sich in den nächsten Wochen kleine Berge aus liegengelassenen Leichen. Die Atmosphäre im Lager wurde immer angespannter. Im Widerstand wurde viel darüber diskutiert, wie es jetzt überhaupt weitergehen würde. Gerüchte kursierten über die Frage, ob die Deutschen versuchen würden, noch alle umzubringen.

Die Rote Armee eroberte Warschau. Als sie kurz vor Krakau stand, und wir nachts ganz still waren, hörten wir sehr leise und vereinzelt Kanonendonner. Da rechneten wir uns an den Fingern aus, wann die sowjetischen Soldaten am Zaun vor unserem Lager stehen und uns befreien würden. Aber niemand wusste genau, was die Deutschen planten.

Drei unserer Freunde organisierten ihre Flucht, weil sie der festen Überzeugung waren: Die Deutschen lassen keinen am Leben. Wir dachten schon, sie hätten es vielleicht geschafft, als wir sie nach einigen Tagen bei der Rückkehr von der Arbeit im Lager wiedersahen: Auf einem Podest am Tor stehend, ihre Körper grün und blau geschlagen, ihre Augen dick zugeschwollen und mit einem Schild um den Hals: »Wir waren in der Freiheit, und weil es hier so schön ist, sind wir wieder zurückgekommen.« Auf dem Appellplatz wartete bereits der Galgen. Wir hatten dieses Szenario während unserer Gefangenschaft oft erlebt, aber diesmal war es für uns besonders schrecklich. Noch während wir Appell standen, fragte ich unauffällig die Nebenstehenden, wo Fred Diament, der Bruder von einem der drei, sei. Zu meiner Erleichterung erfuhr ich, dass er in den Krankenbau gebracht worden war. Der SS bereitete es Vergnügen, bei Hinrichtungen immer den Sohn, Vater oder Bruder in die Rolle des Henkers zu zwingen.

Nach dem Appell trieben SS-Männer unsere Freunde zum Galgen. Zu ihren Füßen baute sich SS-Rapportführer Rakers auf und verlas im Namen des Reichsführers SS Heinrich Himmler das Todesurteil. »Das Urteil wird sofort vollstreckt.« Noch bevor ihnen andere Häftlinge die Schlinge um den Hals gelegt hatten, riefen sie uns laut und kräftig zu: »Kameraden, wir sind die Letzten, haltet durch! Nach uns kommen die dran!«

So etwas erlebte ich in Auschwitz das erste Mal. Die SS-Männer reagierten sofort. Sie sprangen blitzschnell nach oben, legten die Schlingen um die Hälse der Verurteilten und traten, bevor die drei weiter rufen konnten, die Schemel weg. Wir blickten starr geradeaus. Es war der 15. Januar 1945, als die SS drei Freunde von uns erhängte, zwölf Tage, bevor Auschwitz von der Roten Armee befreit wurde und drei Tage, bevor etwas geschah, womit keiner von uns gerechnet hatte.

Der Todesmarsch

Am 18. Januar 1945 spät abends, so gegen elf oder zwölf Uhr, ertönte noch einmal die Lagerglocke. »Alle Häftlinge raustreten mit einer Decke!« Wir versammelten uns auf dem Appellplatz. »Diejenigen, die nicht laufen können, bleiben zurück.« Wir hatten mit allem Möglichen gerechnet, aber keiner von uns war auf die Idee gekommen, dass man das Lager räumen könnte. Nicht das Geringste war durchgesickert, und scheinbar hatte man sogar die SS im Unklaren gelassen, denn die Posten wurden in der Nacht so unruhig, wie wir es noch nie erlebt hatten – sie waren nervöser als wir. Seit dem Herbst hatte ich Probleme mit dem Knie. Es war entzündet und ich konnte schlecht auftreten. Jetzt mussten Ernst und ich entscheiden, ob wir zurückbleiben sollten. Ede steuerte letztlich das entscheidende Argument bei: »Das kann gar nicht so lange dauern. Dort, wo die uns jetzt hintreiben, wird die Rote Armee uns bestimmt überholen.«

Zum ersten Mal wurde in Auschwitz nicht gezählt. Es gab weder einen Appell noch etwas Ähnliches, alle liefen chaotisch durcheinander, und die SS-Männer waren furchtbar hektisch. Sie schossen viel in die Luft und als das Tor geöffnet wurde, liefen wir wie eine wilde Herde aus dem Lager heraus. Die Versuche der SS, uns in Fünferreihen zu ordnen, waren vergeblich, denn nach wenigen Kilometern blieben die Ersten zurück, und von beiden Seiten drängten Tausende neue Häftlinge in die Kolonne, die aus den anderen Nebenlagern zu uns stießen. Wir waren mit ungefähr neuntausend Menschen in Monowitz losmarschiert, aber während der Nacht wuchs die Kolonne auf dreißig- bis fünfunddreißigtausend Häftlinge an. Wir schleppten uns bei klirrender Kälte durch dreißig bis vierzig Zentimeter hohen Schnee und schon nach ungefähr einer Stunde fielen die ersten Schüsse. Da wurde uns klar, dass diejenigen, die nicht mithalten konnten und hinfielen, sofort erschossen wurden. Rapportführer Rakers, der im Beiwagen eines Motorrads an der Kolonne auf und ab fuhr, tat sich dabei besonders hervor. Wir versuchten, vorne an der Spitze der Kolonne zu bleiben, da es hinten gefährlicher war.

Die SS-Männer trugen einen Teil ihres Proviants selbst. Als ihnen ihre Tornister auf dem Rücken jedoch zu schwer wurden, klauten sie in den Ortschaften, durch die wir zogen, Pferdewagen oder ähnliches und spannten zehn Häftlinge davor.

Wir marschierten die ganze Nacht und den folgenden Tag. Ich war kurz davor aufzugeben. »Ich halt das mit meinem Knie nicht durch, ich werde wahnsinnig vor Schmerzen«, stöhnte ich. Ernst und Ede stützten mich, redeten mir gut zu durchzuhalten und versuchten mich aufzumuntern. Als am Abend des zweiten Tages auch noch ein regelrechter Schneesturm aufzog, war ich am Ende. Der Wind peitschte uns so schmerzhaft ins Gesicht, als ob jemand mit Sand oder Kieselsteinen werfen würde, Eiszapfen hingen an unseren Augenbrauen, wir schlotterten vor Kälte, wir waren so entkräftet, dass wir nicht in der Lage waren, noch eine zweite oder dritte Decke aufzuheben, um uns zu schützen. Gegen zehn Uhr abends trieb uns die SS endlich in eine Ziegelei bei Mikolow, wo sich fast jeder auf der Stelle fallen ließ, die Decke über sich zog und sofort erschöpft einschlief. Nur wenige sprachen noch leise miteinander.

Am nächsten Tag schlossen wir uns mit fünf Mann zusammen und versuchten, während des Marschierens auszuruhen. Die in der Mitte Gehenden wurden von denen außen fest untergehakt und mitgeschleppt, damit sie schlafen konnten. Nach einiger Zeit wurde gewechselt. Damit haben wir uns das Leben gerettet.

Am Abend des zweiten Tages erreichte der *Todesmarsch* Gleiwitz. Ein Teil der noch lebenden Häftlinge wurde in ein Lager, der Rest in Richtung Bahnhof auf einen großen Platz mit vielen Hallen und Güterwagen getrieben. Wir suchten uns zwischen den Hallen eine windgeschützte Ecke. Der Hunger quälte uns, denn das halbe Brot, das wir beim Aufbruch in Monowitz zugeteilt bekommen hatten, war längst verbraucht. Ede – fix wie immer – organisierte gekochtes Schweinefleisch von der SS, die alles, was sie an lebendem Vieh finden konnte, abgeschlachtet und in riesengroßen Töpfen gekocht hatte. Trotz der Warnung Edes, vorsichtig zu essen, fielen wir darüber her.

In den folgenden Tagen wurden die Häftlinge auf Züge verladen. Wir beschlossen, so lange wie möglich zurückzubleiben, weil wir darauf spekulierten, dass den Deutschen die Waggons oder die Lokomotiven ausgehen würden. Wir hofften, von der herannahenden Front überholt zu werden, aber den Deutschen gelang es, auch noch die Letzten in die Züge zu pferchen. Als wir beim Einsteigen Zeit schinden wollten, geschah das Unglück: Wegen meines Trödelns schlug ein SS-Mann mit dem Gewehrkolben nach mir und traf genau das kaputte, entzündete Knie. Laut schreiend fiel ich zurück. Im letzten

Moment schnappten andere Häftlinge nach meinen Händen und zogen mich in den Wagen hinein.

In dem oben offenen Kohlewaggon drängten sich weit über hundert Männer. Wenn man stand, konnte man gerade eben über den Rand gucken, aber die SS befahl, dass wir uns hinsetzen sollten. So hockten wir Schoß in Schoß hintereinander. Das Wetter hatte sich nicht geändert: Eiseskälte und Schnee setzte uns schwer zu. Wir breiteten die Decken, die wir über den Kopf gezogen hatten, so gut es eben ging über unseren Beinen aus. Verzweifelt versuchten wir nachts wach zu bleiben, um nicht zu erfrieren. Am Morgen drückten wir die dicke Schneeschicht, die nachts gefallen war, vorsichtig zu Kluten, bewahrten diese auf und aßen sie nach und nach auf. Der Hunger war wenige Tage später kaum noch zu spüren, aber der Durst machte viele wahnsinnig. Ich sah, wie Leute durchdrehten, wie sie ihren Urin tranken und sich dadurch so viel Salz in ihren Körper holten, dass dieser nach noch mehr Flüssigkeit verlangte.

Auf dieser Fahrt ins Ungewisse überfielen mich wieder Zahnschmerzen, in meinen Backenzähnen saßen immer noch die Füllungen der SS-Zahnärzte. Verzweifelt wandte ich mich an Ernst: »Die Füllungen müssen raus, egal wie!« Beim Absuchen der Wände des Waggons fanden wir einen rostigen Nagel, den wir so lange hin- und her bogen, bis er abbrach. Mein Bruder benutzte ihn, um mir die Füllungen aus den Zähnen zu brechen.

Während der Fahrt starben die Menschen massenhaft. Die steifgefrorenen Toten wurden anfangs aus dem fahrenden Zug geworfen. Später, als wir uns dem Deutschen Reich näherten, hielt der Zug jeden Morgen an, um die Leichen in die dafür leer geräumten ersten Waggons zu legen. Hier begann auch noch die Bevölkerung, uns zu schikanieren: Statt uns vielleicht einmal etwas zu essen in die Waggons zu werfen, bewarf man uns mit Steinen und spuckte auf uns.

Als es nach einer unendlich langen Zeit so schien, als seien wir angekommen, sahen wir, wie sich in den ersten Waggons die Leichen bis über den Rand der Seitenwände stapelten. Mehr als die Hälfte der Häftlinge hatte die letzten Tage nicht überlebt. Der Halt in Weimar stellte sich aber nur als Zwischenstopp heraus, da das Konzentrationslager Buchenwald völlig überfüllt war und keine Häftlinge mehr aufnahm. Mit vielen durch Luftangriffe verursachten Aufenthalten ging es weiter. Keiner ahnte, wohin wir gebracht wurden.

Die kalte Hölle

Genau zehn Tage, nachdem wir aus Auschwitz abmarschiert waren, lieferte uns die SS am 28. Januar 1945 in Nordhausen ab. Selbst den alten KZlern sagte der Ort *Mittelbau-Dora*[11] nichts. Dort schickte man uns sofort zum Arbeitseinsatz, aber Erschöpfung und Krankheit haben die Erinnerungen an die ersten Tage verblassen lassen. Wir mussten in einer unterirdischen Rüstungsfabrik als Schlosser arbeiten. Unser Kommando fuhr jeden Morgen mit Lastwagen zum Nordeingang der Stollen, in denen wir nach 100 oder 150 Metern unsere Arbeitsplätze erreichten, wo in Tag- und Nachtschichten rund um die Uhr die »Wunderwaffe V2« – V wie Vergeltung – montiert wurde. Ede, der sich wieder irgendeinen Posten besorgt hatte, sahen wir damals seltener, obwohl er versuchte, möglichst oft abends bei uns vorbeizuschauen, um uns etwas zu essen zu bringen. In den Stollen gingen Gerüchte über Sabotage um. Und eines Tages kamen von ungefähr dreißig fertigen Raketen über zehn tatsächlich wieder zurück, weil sie nicht gezündet hatten. Die SS-Männer schrien uns an: »Sabotage, bewusste Sabotage! Ihr werdet alle erschossen!«

Seit dieser Zeit stand neben jedem zweiten Monteur ein SS-Posten, der ihn kontrollierte. Wenn auch nur ein Schlüssel bei der

11 Das Konzentrationslager bei Nordhausen im Harz wurde nach der Zerstörung der Raketenproduktionsstätten in Peenemünde durch alliierte Luftangriffe am 17./18. August 1943 errichtet. Die Produktion der Raketenwaffe V2 wurde unter die Erde verlegt, um sie vor weiteren Bombenangriffen zu schützen und möglichst geheim zu halten.

Montage in die Rakete fiel, musste der Häftling strammstehen, Meldung machen und sofort hieß es: »Sabotage!« Vor unseren Augen wurden die der Sabotage verdächtigten Häftlinge in der großen Halle über den Raketen erhängt. War Auschwitz die heiße Hölle gewesen, so war Dora die kalte Hölle.

Ende Februar fing man an, einige Nebenstollen zuzumauern. Es wurde gemunkelt, die Deutschen hätten etwas mit uns vor. Ede erzählte uns von Plänen, ungefähr tausend Menschen nach Nordhausen in die Boelcke-Kaserne zu verlegen, und schlug vor, sich anzuschließen. Dieses Nebenlager hieß bei den Häftlingen nur »Verreck-Kaserne«, weil alle, die nicht mehr arbeitsfähig waren, dort zum Sterben hingebracht wurden. Jetzt räumte man die Magazine der Kaserne, weil das Lager wegen der ständig neu ankommenden Häftlinge der Todesmärsche aus allen Nähten platzte. Ernst und ich reagierten auf Edes Vorschlag eher skeptisch. Eine Möglichkeit, sich dorthin verlegen zu lassen, war die freiwillige Meldung bei den Bombenräumkommandos – und darauf waren wir nicht besonders scharf. Ede befürchtete allerdings, dass wir, die Juden, in den zugemauerten Nebenstollen vergast werden sollten. »Wenn wir unten in Nordhausen sind, mitten in der Stadt, haben wir eine größere Chance zu überleben«, meinte er. Das sahen wir ein.

Nach gut vier Wochen im Lager ließen wir uns in die Boelcke-Kaserne verlegen, wo wir im ersten Stock in einem ehemaligen Magazin untergebracht wurden, ohne Pritschen, nur mit einer Decke auf dem kalten Boden. Ich konnte mit meinen entzündeten Beinen, an denen der Wildwuchs schon hoch herausgewachsen war, fast nicht mehr gehen. Das Verbinden des dicken Wildwuchses half nichts mehr. »Du machst heute den Appell noch mit«, wies Ede mich an, »und wenn der vorbei ist, drehst du dich auf der Stelle um, gehst die Treppe wieder rauf und legst dich hinter die Decken.« Tagsüber lagen diese gefaltet auf einem großen Stapel, hinter den ich mich nun verkroch und den ganzen Tag schlief oder mich ruhig verhielt. In den nächsten Tagen erschien ich nur zu den Appellen. Ede trieb einen jüdischen Arzt auf, der sich meine Beine ansah: »Am Knie können wir nichts machen, das braucht viel Ruhe. Das müsste normalerweise punktiert werden. Aber die Phlegmone müssen wir behandeln.«

Auf meine naive Frage, was er denn machen wolle, erklärte er: »Heute Abend, wenn Feierabend ist, kommen Ede und du runter in den provisorischen Krankenbau. Wir werden erst mal das Wildfleisch entfernen.«

Ich überlegte, ob sie es vielleicht abätzen würden. Aber kaum hatten sie mich an diesem Abend auf die Pritsche gelegt – zwei Männer saßen auf mir, um mich festzuhalten –, musste ich meinen Irrtum feststellen: Der Arzt schabte das Wildfleisch mit einer Art Skalpell von den Wunden ab. Ich hielt so gut ich konnte meinen Mund und biss die Zähne zusammen. Nachdem sie jedoch mit dem ersten Bein fertig waren, platzte ich heraus: »Das reicht! Das halte ich nicht mehr aus.«

»Du bist jetzt hier unten, also machen wir weiter.«

»Gibt es denn nicht irgendeine Art Narkose, damit ich nicht so viel davon spüre? Das ist ja nicht auszuhalten.«

Da kam wortwörtlich – das vergesse ich nie: »Sicher haben wir Narkose. Wo ist der Holzhammer?«

Ich verzichtete und biss weiter die Zähne zusammen.

Die Flucht

Anfang April wurde Nordhausen mehrfach bombardiert. Am 3. April tagsüber, die Arbeitskommandos waren noch nicht wieder zurück, erwischte es die Blockführerstube, wo sich zu der Zeit die SS aufhielt. »Na ja, Gerechtigkeit gibt es scheinbar doch noch«, murmelten wir vor uns hin. Beim Morgenappell des nächsten Tages hörten wir die Geschwader kommen und rannten aus Angst vor den Jagdbombern, die nach dem Bombenabwurf auf alles schossen, was sich bewegte, sofort wieder in die Kaserne. Wir hasteten noch die Treppen hinauf, als das ohrenbetäubende Krachen der einschlagenden Bomben einsetzte.

Sekunden später stand das Gebäude unter uns in Flammen. Ede schrie, wir sollten ihm folgen, und hechtete durch eine Glasscheibe ins Freie. Ohne lange nachzudenken, sprangen Ernst und ich hinter ihm her. Als ich nach der harten Landung einen Moment wie betäubt am Boden lag, erblickte ich auf dem Hof Hunderte von Menschen, die lichterloh brennend zusammengekrümmt am Boden lagen. Panisch raffte ich mich auf. Zusammen mit Ernst rannte ich aufs freie Feld, wo wir uns in einen Bombentrichter warfen und flach an den Boden gedrückt liegen blieben. Es fielen immer noch Bomben, und plötzlich dachte ich, mein Bein wäre abgerissen. Als ich mich schreiend vor Schmerz umdrehte, stellte ich fest, dass nur eine große Ackerklute in die Kniekehle meines kaputten Knies gefallen war.

Nach dem Bombenangriff ging alles durcheinander. Wir beobachteten die SS, wie sie die restlichen Häftlinge zusammentrieb, und verhielten uns still. Ede hatten wir aus den Augen verloren – wir haben ihn nicht wiedergefunden.

Nachdem es ruhiger geworden war, arbeiteten wir uns aus dem Trichter heraus. Auf dem Weg Richtung Nordhausen entdeckten wir unter einer Brücke einen toten SS-Mann – seine Pistole noch im Halfter. Ich stürmte sofort los und nahm sie an mich, aber Ernst redete auf mich ein, alle Herrgötter anbetend: »Schmeiß das Ding weg, schmeiß das Ding weg!« Er überredete mich, die Pistole zurückzulassen.

Ich kann mich noch erinnern, dass wir in Nordhausen warmes, frisch gebackenes Brot aßen. Ich weiß aber nicht mehr, ob wir die Bäckerei gestürmt hatten – es waren einige geflohene Häftlinge in der Stadt – oder ob der Bäcker uns das Brot freiwillig gab.

Mein Bruder und ich hatten im Lager eine eigene Sprache entwickelt – ohne Worte, nur mit Blicken und Kopfzeichen –, mit der wir uns auch weiterhin verständigten. Sobald wir in der brennenden Altstadt auf ein Schild trafen: »Kassel 75 km«, schauten wir uns nur an, nickten und wanderten noch in derselben Nacht durch den Thüringer Wald in Richtung Kassel. Unser Ziel war der Ort, in dem Metzger Sauer lebte, der Mann, der uns schon einmal geholfen hatte.

Während unserer dreitägigen Flucht begegnete uns niemand, wir hörten nur die Flugzeuge über uns. Wir hatten gerade eine Waldlichtung betreten, als wir plötzlich Gewehrläufe auf uns gerichtet sahen: »Hände hoch! Wer seid ihr?«

Vier alte Männer vom Volkssturm standen vor uns. Wir versuchten nun zu erklären, dass wir KZ-Häftlinge, deutsche Juden, seien, die diesen Mist überleben wollten. Obwohl sie wenig beeindruckt aussahen, sprachen wir weiter auf sie ein: »Leute, ihr seid doch alte und vernünftige Menschen, der Krieg ist verloren. Wenn die Amerikaner morgen kommen und euch mit dem Gewehr in der Hand sehen, die schießen euch tot.«

Aber die Männer ließen sich nicht erweichen: »Nix da! Wir haben den Befehl, streunende Häftlinge bei der Gestapo in Wernigerode abzuliefern.« Nach drei Tagen Freiheit führten uns im April 1945 vier alte »anständige« Deutsche, das Gewehr im Anschlag, ab und lieferten uns der Gestapo aus.

Wieder in Gefangenschaft

Die Gestapo, noch immer mit Schlapphüten und Ledermänteln bekleidet, ließ einen alten Wagen vorfahren, in den wir einsteigen mussten. Wir befürchteten, sie würden uns irgendwo erschießen, aber unsere Fahrt führte zunächst nach Halle. Dort gerieten wir in einen heftigen Bombenangriff, vor dem wir in einer Mühle aus Ziegelsteinen Schutz suchten. Nach einer Weile krochen wir wieder aus unserer Deckung und unser Blick fiel auf die Saale, in der allerhand Dinge schwammen. Ernst und ich entdeckten unter anderem etwas, das uns so richtig gut tat: ein großes Adolf-Hitler-Bild. »Guck mal, da schwimmt der Verbrecher! Eines Tages ist auch das Schwimmen für ihn vorbei«, flüsterte Ernst mir zu. Die Gestapo lieferte uns in einem fabrikneuen Konzentrationslager in der Nähe der Leuna-Werke ab. Dort wurden wohl nur die versprengten Häftlinge gesammelt, denn niemand brauchte zum Arbeitseinsatz. Nach zwei Tagen stellte die SS-Bewachung einen Zug mit kleinen Viehwaggons zusammen, mit dem wir um den 12. oder 13. April losfuhren.

Nach tagelanger Fahrt, die immer wieder von Bombenangriffen unterbrochen wurde, erreichten wir wieder denselben Ort. Dann ging unsere Odyssee kreuz und quer durchs Land weiter. Bei den Luftangriffen versuchte der Lokführer, den Zug so schnell wie möglich in Waldstücken aus dem Blickfeld der Jagdbomber heraus und in Sicherheit zu bringen. Wir standen wieder einmal in einem Waldstück – die Waggontüren offen, da das ganze Terrain von unserer Bewachung abgesperrt war –, während auf dem Nebengleis ein weiterer Zug wartete. Ich schaute an ihm entlang und sah plötzlich in einiger Entfernung einen kleinen Kerl herausspringen. Ich erkannte ihn sofort: Rolf Abrahamson. Ihn hatten wir bei der Schlosserlehre kennengelernt, bevor er 1941 nach Riga deportiert worden war. Ich rief und winkte. Er kletterte zu uns in den Wagen und blieb bei uns.

Wie üblich bekamen wir kein Wasser, aber diesmal machten wir während der Wartezeit so lange Krawall, bis der Lokführer die SS überredete, uns mit Wasser aus seinem Tender versorgen zu dürfen. Um unseren Hunger zu stillen, versuchten wir, Gras und Baumrinde zu kochen, allerdings ohne besonderen Erfolg – das Gras wurde beim Kochen immer härter statt weicher.

Nachdem die SS uns wieder in den Zug getrieben hatte, fuhren wir in Richtung Osten weiter. Die Bilder in meiner Erinnerung verschwimmen ab diesem Zeitpunkt. Ich weiß nur noch deutlich, wie ich im Waggon am liebsten jeden umgebracht hätte, der meinem Knie zu nahe rückte. Die Schmerzen waren so stark, dass ich wie ein Stier brüllte, bis einige die Initiative ergriffen und aus einer Decke, ein Paar Riemen und Hosenträgern eine Hängematte bauten, mit der sie mich oben im Waggon unter die Decke hängten. So kam ich mit keinem Menschen mehr in Berührung.

Die Befreiung

Ich schlug die Augen auf und entdeckte Ernst, der neben mir auf dem Bett saß.

»Wie weit sind wir?«, fragte ich ihn.

»Wir haben es geschafft. Die Russen sind schon seit zwei Tagen hier.«

Von Ernst erfuhr ich die Einzelheiten der letzten Tage, in denen ich bewusstlos gewesen war. Der Zug hatte uns nach *Theresienstadt* gebracht, wo diejenigen, die noch lebten, aus den geöffneten Waggons herausgefallen waren. Kaum einer konnte sich noch auf den Beinen halten, die Häftlinge krochen wie die Affen auf Händen und Füßen in die großen Kasernenblocks. Obwohl ich bewusstlos war und hohes Fieber hatte, schafften es die anderen irgendwie, mich mitzuschleppen. Einige Tage später befreiten die Russen Theresienstadt, aber auch noch nach ihrer Ankunft und der Versorgung der Häftlinge mit dem Nötigsten starben massenhaft Menschen. Ich rang mit dem Tod und hätte keine acht Tage länger überlebt. Wenn die Russen nicht gekommen wären, hätte man von Hans Frankenthal nicht mehr zu sprechen brauchen.

In Theresienstadt fehlte es an allem, insbesondere an Medikamenten. Eine sowjetische Majorin, eine Ärztin, die uns betreute, so gut sie konnte, blieb sieben oder acht Tage bei uns, bis die Engländer und Amerikaner eintrafen, die alles mitbrachten, was man sich nur denken kann, vom Keks bis zur Schokolade. Unsere Ernährung bestand aber vor allem aus Graupensuppe – die wir Kälberzähnesuppe nannten, weil die Graupen so groß wie ein Fingernagel waren –, schließlich musste sich unser Magen erst wieder ans Essen gewöhnen. Zusätzlich erhielten wir so viel Brot, wie wir wollten. Nach kurzer Zeit konnte man überall Brotlaibe finden: auf und unter den Pritschen, oben auf den Balken, in jeder Ecke. Wir verwahrten jeden Krümel. Als unsere Betreuer dies entdeckten, fragten sie uns verwundert, wofür wir es verwahrten, es würde doch nur hart und trocken. Wir schauten sie nur hilflos an. Wie sollten wir ihnen unsere Angst erklären, dass es morgen nichts mehr geben könnte? Für uns war solch ein Denken völlig normal. Nachdem sie das ganze Brot eingesammelt hatten, servierten sie uns die nächsten Tage Brotsuppe, bevor es wieder Kälberzähnesuppe gab.

Die tägliche Sterberate war sehr hoch, denn es gelang erst nach längerer Zeit, die Typhus- und Ruhrepidemie einzudämmen. Die Kranken wurden in einem besonderen Block isoliert, aber die Toiletten waren zu klein, sodass man auf dem Appellplatz große Knüppeldämme baute. Die Nazis bekamen die Aufgabe zugeteilt, diese Notklosetts jeden Tag zu leeren. Es war ein warmer Frühling, und Ernst trug mich öfter nach draußen an die frische Luft, wo ich mehrfach einen kleinen Jungen – vielleicht sechs oder sieben Jahre als – beobachten konnte, der es sich zur Aufgabe gemacht hatte, die Nazis beim Rausholen der Jauche anzutreiben: »Ihr habt meine Eltern umgebracht!« Er schlug auf sie ein wie auf Kalteisen.

An einem schönen Tag saßen Ernst und ich auf dem Rand eines Brunnens, der in der Mitte des Platzes stand, und genossen die Sonne. Plötzlich steuerte eine Frau auf uns zu, blieb vor uns stehen und sah uns erwartungsvoll an. Es dauerte einen Moment, bevor wir sie erkannten: Tante Selma, die Schwester unseres Vaters und Mutter von Karl und Emil, den Adressaten unseres Briefes aus Monowitz. Tante Selma hatte uns schon ein paar Tage gesucht, weil sie von ihren Söhnen wusste, dass wir eventuell noch am Leben sein könnten. Sie erzählte, wie schwierig es gewesen sei, uns zwischen sieben-, achttausend Menschen zu finden. Wir tauschten die wichtigsten Neuigkeiten aus. Tante Selma hatte sich in Theresienstadt tapfer durchgeschlagen: Es war ihr gelungen, sich in dem großen Ghetto ein Stück Land zu organisieren, auf dem sie ihr eigenes Gemüse züchten und so dem Hungertod entgehen konnte. Im Ghetto hatte sie auch die alte Tante meines Vaters, Anna Stern, getroffen. Selma konnte uns genau sagen, an welchem Tag sie gestorben war.

Nach besonderen Wünschen gefragt, bat ich Tante Selma um Milch. Tatsächlich kehrte sie nach einiger Zeit mit einem großen Becher zurück. Wir waren froh, uns wiedergefunden zu haben, und hofften nach unserer Rückkehr weitere Verwandte und Bekannte zu treffen.

Wir ahnten noch nicht, wie viele ermordet worden waren ... In den nächsten Wochen begannen Kommissionen, die Rückkehr beziehungsweise Auswanderung der *Displaced Persons*[12] zu organisieren.

12 »Displaced Person« (DP, eine »Person, die nicht an diesem Ort beheimatet ist«) ist die Bezeichnung für etwa 12 Millionen Kriegsgefangene, ehemalige Konzentrationslagerhäftlinge, während des Krieges in deutschen Betrieben eingesetzte Zwangsarbeiter und andere Verschleppte, die nach ihrer Befreiung nicht ohne Hilfe in ihren Heimatstaat zurückkehren oder sich in einem anderen Land neu ansiedeln konnten. Erst 1957 verließen die letzten DPs – jüdische Holocaustüberlebende – das Lager Föhrenwald in Oberbayern.

Teil II

Rückfahrt

Während ich durch das Busfenster die polnische Landschaft vorbeiziehen sah, unterhielten sich um mich herum die jungen Leute, mit denen ich die letzten Tage in Auschwitz verbracht hatte. Es war nicht das erste Mal, dass ich diesen Ort – von dem ich geschworen hatte, ihn nie wieder zu betreten – besucht hatte, aber vor meiner ersten Reise hatte es über vierzig Jahre gedauert, bis ich begonnen hatte, öffentlich über meine Geschichte zu sprechen. Ernst und ich waren nach der Befreiung in den Ort unserer Kindheit, nach Schmallenberg, zurückgekehrt – wir hatten das Vermächtnis meines Vaters eingehalten. Seine letzten Worte an der Rampe in Auschwitz höre ich noch heute: »Ich werde das nicht überleben, ich bin zu alt. Solltet ihr überleben, geht nach Schmallenberg zurück.« Verflucht habe ich viele, viele Jahre lang diesen Satz.

Ankunft in Schmallenberg

Im Juli 1945 erreichte der Bus der Firma Rosenkranz aus Witten, der uns in Theresienstadt abgeholt hatte, Dortmund. Wir sollten zur medizinischen Versorgung in ein Krankenhaus in Applerbeck gebracht werden, aber Ernst und ich weigerten uns und bestanden darauf: »Das Einzige, was wir brauchen, ist eine Fahrkarte nach Schmallenberg.« Unsere Hartnäckigkeit wurde belohnt. Kurze Zeit darauf bestiegen wir im Dortmunder Bahnhof den Zug Richtung Hagen. Dort mussten wir umsteigen, ebenso wie später in Schwerte und Altenhundem, wo wir auch den ersten Schmallenberger am Bahnhof trafen: Toni Störmann, genannt Demmen. Er hatte bei der jüdischen Firma Artur Stern als Meister gearbeitet und war kein Nazi gewesen. Auf meine erste Frage, was es denn Neues in Schmallenberg gebe, klagte er: »Oh, wir haben drei Tage unter Beschuss gelegen und viele Häuser sind ausgebrannt.« Soso, dachte ich, da haben sie ja ganz furchtbar gelitten. Meine Nachfrage, ob unser Elternhaus auch zerstört worden sei, verneinte Toni Störmann, und wir verabschiedeten uns. Ich wandte mich ein letztes Mal um: »Weißt du was, Toni? Von mir aus könnte ganz Schmallenberg abgebrannt sein.«

Die letzten Kilometer fuhr der Zug durch eine Gegend, in der wir jeden Ort, jeden Hof, jeden Steg kannten. Vom Schmallenberger Bahnhof bis zum Haus unserer Eltern in der Obringhäuserstraße waren es nur noch wenige Meter, ein Privatweg verband den Bahndamm mit dem Grundstück, auf dem früher das Vieh zum Verladen geführt worden war. Diesen Weg gingen wir langsam hoch, bekleidet mit Zivilhosen, aber noch in Häftlingsjacken. Auf der Treppe zu unserer Haustür stoppte ich meinen Bruder und forderte ihn auf, die Jacke auszuziehen, um zu vermeiden, dass wir Wanzen mit ins Haus schleppten. So betraten wir nach sechs Jahren wieder das Haus unserer Eltern. In den letzten Jahren hatte ich nicht geweint, aber jetzt überfielen mich Weinkrämpfe – ich brauchte Stunden, um mich wieder zu beruhigen.

Erste Begegnungen

Im Haus lebten zu dieser Zeit meine »halbarischen« Vettern Karl und Emil, die Söhne von Tante Selma. Karl war aus dem Arbeitslager Hagen-Haspe zurückgekehrt, Emil hatte sich bis zur Befreiung in Nesselbach bei Altastenberg versteckt gehalten. Unseren Brief aus Monowitz hatten sie noch vor ihrer Verhaftung beziehungsweise Flucht erhalten und erzählten uns, wie sie sich an Daniel Marburger gewandt, den Brief vorgezeigt und um die Uhr gebeten hätten. »Die Uhr gebe ich den Jungens, wenn sie selber wiederkommen. Das Brot kriegen wir auch ohne die Uhr«, war Marburgers Erwiderung gewesen, bevor sie zusammen zu Frau König gegangen waren, die drei Brote eingepackt und an Jan Krupka geschickt hatten. In Auschwitz war mir gar nicht bewusst geworden, was ich da riskiert hatte! Wenn jemand den Brief entdeckt hätte, wären sofort zehn Leute aufgeflogen: meine Vettern, mein Bruder, Jan Krupka, Daniel Marburger, Café König …

Ernst und ich bezogen das kleinste Zimmer des Hauses. Dr. Deilmann, der frühere Steuerberater unseres Vaters, lieh uns ein Bett – es dauerte jedoch lange, bis ich wieder darin schlafen konnte. Weil ich wegen der Schmerzen im Knie kaum laufen konnte, lag ich die ersten Wochen tagsüber im Wohnzimmer auf dem Sofa, beschäftigte mich ausgiebig mit Essen und Trinken – man kann ruhig sagen, ich stand ständig unter Stoff – und empfing die Leute, die zur Begrüßung zu Besuch kamen. Unsere Nachbarin Theresia Rautekuss, die unsere Rückkehr beobachtet hatte, war durch die ganze Nachbarschaft gelaufen, um zu verkünden: »Die Frankenthal-Jungs sind wieder da!«

Es klingelte oft, aber es kam nicht ein Einziger, der nicht schon in der Nazizeit zu uns gehalten hatte. Die Besucher unterstützten uns mit Kleidung und Lebensmitteln. Ein Bauer aus dem Nachbarort schickte ein halbes Schwein – damals achtete ich nicht auf koscheres Essen, ich war der Meinung, ich würde nie wieder an Gott glauben können. Café König brachte nicht nur einen Kuchen vorbei, sondern auch all jene Dinge, die unsere Eltern ihnen nach der Pogromnacht zur Aufbewahrung gegeben hatten. Meine Eltern hatten damals nichts schriftlich festgehalten, aber Königs hatten eine Liste der gesamten Wohnzimmereinrichtung – jedes Möbelstück, jeden Löffel, jede Tasse und jeden Teller – angefertigt und überreichten nun Ernst und mir die Sachen. Wir freuten uns sehr über ihre Zuverlässigkeit.

Unter den ersten Besuchern war auch der englische Stadtkommandant – ein Jude –, der mit einem großen Paket unter dem Arm vor der Tür stand. Er hatte kaum Platz genommen, als ich über ihn herfiel: Warum sie uns nicht nach Palästina hineingelassen hätten? Warum sie die Bahngleise und Krematorien in Auschwitz nicht bombardiert hätten? Ich selbst könne bezeugen, wie Kassiber aus dem Lager geschmuggelt worden seien, die genaue Skizzen enthielten, und wir hätten auch erfahren, dass die Informationen in London angekommen seien. Er wollte mir nicht glauben: »Wenn das so gewesen wäre, wäre bestimmt etwas von der Regierung oder dem Militär unternommen worden.«

Wir wurden uns nicht einig, aber ich hatte ihn nachdenklich gemacht. In den folgenden Tagen erkundigte er sich und erfuhr sogar von einer BBC-Sendung über die Geschehnisse in Birkenau. Bei seinem zweiten Besuch bestätigte er meine Geschichte. Wir diskutierten noch lange über die möglichen Gründe für die Zurückhaltung der Alliierten, aber sein Argument, dass bei der Bombardierung der Gaskammern Menschen getötet worden seien, konnte ich schnell entkräften: Die Sonderkommandos, die gezwungen worden waren, in den Gaskammern zu arbeiten, waren alle vier bis sechs Wochen »ausgetauscht«, also selbst vergast worden. Ich machte dem Stadtkommandanten heftige Vorwürfe – aber ändern konnte man ja jetzt auch nichts mehr.

Außer seinem Besuch gab es keinerlei offizielle Reaktion. Wir erhielten zwar einen Sonderhilfsausweis – mit dem man nicht besonders viel anfangen konnte –, aber sonst kümmerte sich die Stadt keinen Deut um uns. Der Bürgermeister, Dameries, ein von den Engländern eingesetzter Gegner des Nationalsozialismus, interessierte sich offensichtlich nicht für uns.

Es fiel uns sehr schwer, mit Leuten auch nur zu sprechen, solange wir nicht hundertprozentig wussten, dass sie auf unserer Seite gestanden hatten. Wenn mich mein Vetter mit seinem Wagen durch die Stadt fuhr und vorschlug anzuhalten, erwiderte ich nur: »Ich will keinen sehen.« Aber selbst bei den Menschen, mit denen wir jetzt Kontakt hatten, blieb uns eines völlig unerklärlich: Kein Schmallenberger fragte, wo unsere Eltern oder die anderen Juden seien. In unserer Enttäuschung versuchten wir in der ersten Zeit noch die Leute wachzurütteln. Wir beauftragten einen Bildhauer, der ein paar Häuser weiter wohnte, einen Grabstein zu beschriften, den wir mitten in der Stadt aufstellten: »Hier stand die Synagoge der jüdischen Kultusgemeinde von Schmallenberg. Sie wurde am 10. November 1938 von den Nationalsozialisten gebrandschatzt und zerstört.« Kein Echo, keine Reaktion der Einwohner oder der Behörden – nichts geschah.

Tante Hedwig

Von den einundfünfzig jüdischen Bürgern von Schmallenberg kehrten sieben nach dem Krieg zurück: Ernst und ich, Tante Selma und ihre Söhne Karl und Emil sowie Helene Meyer, geborene Funke, und Hedwig Goldschmidt. Helene, genannt Lene, die Frau von Onkel Ernst aus Duisburg, dem Bruder meiner Mutter, und Hedwig, die Frau von Julius Goldschmidt, waren aus dem Ghetto in Riga zurückgekommen. Wie üblich kümmerte sich die Stadt in keiner Weise um sie. Lene und Hedwig zogen in drei Zimmer des »arisierten« Funke-Hauses, die ihnen die jetzige Besitzerin zur Verfügung stellte. Gesundheitlich ging es Hedwig, im Gegensatz zu anderen, die aus den Lagern zurückgekommen waren, einigermaßen gut, aber sie sprach kaum über die letzten Jahre.

Ihr Mann Julius Goldschmidt war Anfang 1939 aus dem Konzentrationslager Sachsenhausen entlassen worden, weil die Nazis für die »Arisierung« seines Besitzes die persönliche Unterschrift brauchten. Sobald er sich mit der Unterzeichnung des Kaufvertrags verpflichtet hatte, Deutschland innerhalb von 24 Stunden zu verlassen, stellten die Behörden den Familienmitgliedern Reisepässe mit zwei zusätzlichen Stempeln aus: einem »J« und dem Vermerk »Zum einmaligen Übertritt einer deutschen Grenze«. Leo, der älteste Sohn, war bereits bei der Verhaftung von Julius geflohen, als der Arbeitsdienst den Laden zertrümmert hatte. Bevor er zu seinem Onkel Alfred Funke nach Duisburg gegangen war, um mit ihm zusammen die Auswanderung nach Amerika voranzutreiben, hatte er sich im Wald versteckt.

Der Rest der Familie teilte sich nach Julius' Entlassung auf: Tante Hedwig reiste mit den beiden Töchtern Ruth und Lore zur Vorbereitung ihrer Auswanderung ebenfalls nach Duisburg, und Julius, der

Deutschland sofort verlassen musste, floh mit seinem jüngsten Sohn Heinz über Holland nach Belgien, wo sie später den Nazis in die Hände fielen. Die beiden wurden in Auschwitz ermordet. Tante Hedwig und ihren beiden Töchtern gelang es nicht mehr auszureisen, sie wurden mit dem ersten Transport aus Duisburg nach Riga verschleppt. Im Ghetto begegneten sich Hedwig und meine Tante Lene, die – dies erzählte sie aber erst viele Jahre später Hedwigs Sohn Leo in Amerika – die Familie eine Zeit lang schützen konnte. Tante Lene arbeitete als Schneiderin zunächst für die Frau des Ghettokommandanten, später auch für den Kommandanten selbst und die SS. Aber nur Hedwig und Lene hatten überlebt, Hedwigs Töchter Ruth und Lore und ihr Bruder Alfred sowie Lenes Mann Ernst wurden in Stutthof ermordet.

Nachdem Hedwig wieder in Schmallenberg war, besuchte sie ihr Sohn Leo, der als amerikanischer Soldat in Heidelberg stationiert war. Er riet seiner Mutter, sich auszuruhen und zu pflegen, während er in Amerika die notwendigen Papiere besorgen und sie dann nachholen würde. Doch noch bevor Leo die Formalitäten erledigen konnte, starb Hedwig. Eines Tages rief Tante Lene bei uns an und drängte, wir sollten sofort kommen, Tante Hedwig habe sich ins Bett gelegt und wolle sterben. Wir besuchten Hedwig, redeten ihr gut zu, sie sei doch gesund – selbst die Ärzte konnten nichts feststellen. Aber es half nicht mehr. Sie war seelisch zerstört und wollte einfach nicht mehr leben. Nach wenigen Tagen war sie tot. Wir begruben sie auf dem Jüdischen Friedhof in Schmallenberg, zu dem die Gemeinde 1936 noch Land dazugekauft hatte – wer hätte denn ahnen sollen, dass fast alle in Auschwitz bleiben würden. Auf ihren Grabstein schrieben wir: »Nach überstandener Leidenszeit von 3 ½ Jahren KZ starb sie aus Herzeleid, weil ihr Mann Julius Goldschmidt mit ihrem Sohn Heinz Goldschmidt sowie die Töchter Ruth und Lore Goldschmidt aus den Händen der Nazis nicht zurückkehrten.«

Stolpersteine

Ich brauchte viel Zeit, um mich einigermaßen zu erholen. Die Wunden der Phlegmone an meinen Beinen waren bei der Rückkehr immer noch offen gewesen, aber mithilfe von wenigen Tabletten, mit denen die Engländer mich versorgten, begannen sie nach kurzer Zeit zu verheilen. Zurück blieben tiefe Narben. Mein Knie, das ich ebenfalls von einem englischen Arzt in der Schmallenberger Aufbauschule untersuchen ließ, wurde zu einem größeren Problem. Nach der Untersuchung hörte ich zufällig hinter einer Gardine ein Gespräch zwischen dem Arzt und seiner Assistentin, Luzie Hatzfeld, der Tochter der Weißnäherin meiner Mutter, mit: »Da ist nichts mehr zu machen, er wird das nicht überleben.«

»Luzie«, rief ich laut, »bestell deinem Doktor einen schönen Gruß, ich habe Auschwitz überlebt und überlebe auch diese Krankheit.«

Doch da hatte ich mich fast verschätzt. Ich brauchte Monate, um wieder auf die Beine zu kommen. Die Schmerzen im Knie wurden trotz Behandlung kaum besser. Damals ahnte ich glücklicherweise nicht, was noch alles auf mich zukommen würde.

Direkt nach dem Krieg bekamen wir wöchentlich Care-Pakete, in denen sich auch zwei Stangen Zigaretten befanden. Wir gewöhnten uns nicht nur ganz schnell das Rauchen an, sondern tauschten die Zigaretten bei den Bauern gegen Lebensmittel. Das war, neben unserer Schnapsbrennerei im Keller, ein ganz einträglicher Nebenerwerb. 1946 erfuhr ich über Tratscherei, dass das Auto von Alfred Funke noch in Schmallenberg sei – bei Peter Drenk, einem hundertfünfzigprozentigen Nazi. Ich machte mich auf den direkten Weg zu seiner Garage, öffnete eigenmächtig das Tor und fand tatsächlich den Wagen: eine Sonderanfertigung des Ford mit vier Zylindern und einem angebauten Kofferraum, in dem Funke damals seine Vertreterkoffer mit den Textilwaren transportiert hatte. Sobald Peter Drenk mich entdeckte, schoss er wütend aus dem Haus: »Was willst du hier?«

»Das Auto will ich.«

»Das kommt überhaupt nicht infrage! Raus hier!«

Ich wandte mich an einen Bekannten bei der Polizei und bat um Unterstützung. »Tut mir leid, Hans, das geht nicht so einfach, ich kann dir nicht helfen. Wir können nicht einfach hingehen und das Auto abholen, selbst wenn es nicht rechtmäßig erworben ist. Sobald wir die Garagentür aufmachen, ist das Hausfriedensbruch. Du musst dich an die Militärregierung wenden.«

Ich sprach dort vor, wurde aufgefordert, in ein paar Stunden wiederzukommen, da sie sich zuerst bei der nächsthöheren Dienststelle erkundigen müssten. Dann drückten sie mir ein Schreiben vom Stadtkommandanten in die Hand, in dem Drenk aufgefordert wurde, den Wagen herauszugeben. Begleitet von ein paar Freunden, die das Auto anschieben sollten, klingelte ich bei Drenk, der allerdings genauso patzig wie zuvor reagierte. Ich hatte keine Lust, mich mit ihm herumzuärgern, und ging direkt wieder zur Polizei, diesmal mit Erfolg. Nachdem sie das Schreiben von der Militärregierung genau studiert hatten, schickten sie zwei Beamte mit, die Peter Drenk allerdings erst mit seiner Festsetzung drohen mussten, bevor er bereit war, den Wagen herauszugeben.

Mit diesem Ford begann ich den Viehhandel. Ich fuhr über die Dörfer, kaufte Kleinvieh bei den Bauern und schlachtete schwarz. Kaum war ich wieder einigermaßen bei Kräften, entschloss ich mich, das väterliche Geschäft neu aufzubauen. Bei dem Versuch, ein Gewerbe zu beantragen musste ich mir anhören, dass ich noch nicht 21 Jahre alt, also nicht volljährig sei und deshalb einen Vormund bräuchte. Wütend fuhr ich die Beamten an: »In Auschwitz hatte ich auch keinen, und jetzt muss ich einen Vormund haben?«

Sie stellten sich so lange stur, bis unser Steuerberater Dr. Deilmann sich bereit erklärte, als Pfleger – einen Vormund hätte ich nicht akzeptiert – aufzutreten. Als der Gewerbeschein endlich Gültigkeit hatte, tauchten die nächsten Schwierigkeiten auf: Ich bekam keine Zulassung, keine Schlussscheine und so weiter. Die Behörde in Unna-Königsborn, die diese Scheine ausgab – zu Hitlers Zeiten Reichsnährstand genannt –, hatte jetzt einen anderen Namen, aber die Beamten waren immer noch dieselben.

Es wurde nicht berücksichtigt, dass man Jude war und den Holocaust überlebt hatte. Im Gegenteil: Wenn man dies angab, wurde man diskriminiert. Obwohl es nicht offen ausgesprochen wurde, spürten wir das. Alle Steine, die in Bewegung gesetzt werden konnten, wurden uns vor die Füße gerollt. Da merkten wir erst, dass dieses katholische Sauerland dachte: Jetzt, wo die Juden tot sind, sollen auch keine wieder hier groß werden.

Auch nachdem nach langem Hin und Her alle Formalitäten erledigt waren, gab es des Öfteren Konfrontationen zwischen den Genossenschaften, dem »arischen« Viehhändler Robert Krämer und mir. Überall, wo wir aufeinander trafen, wurde es böse. Sie trieben die Preise hoch, um die Tiere für mich zu teuer zu machen, oder sie hetzten die Bauern auf: »Wie, mit Juden handelt ihr wieder?« Mit den Bauern war es auch nicht immer einfach. Oft erzählten sie: »Wir haben ja immer zu euch gehalten, die letzte Kuh, die wir verkauft haben, haben wir eurem Vater verkauft, die allerletzte.« Das hörte ich zigmal am Tag, bis es mir irgendwann zuviel wurde und ich zurückgab: »Lieber Gott, wir hatten für zwanzig Kühe Platz im Stall und ihr wollt uns alle die letzte Kuh verkauft haben? So viel Platz hatten wir gar nicht!«

Entnazifizierung in Schmallenberg

Bei den Entnazifizierungsverfahren in Schmallenberg, bei denen wir als Zeugen geladen wurden, belasteten wir einige Personen, darunter auch den Viehhändler Robert Krämer. Als die Geschichte mit den eingeschlagenen Scheiben bei Max Sterns Geschäft auf den Tisch kam, brachte Krämer einen Freund, den Bauern Kewekordes, als Entlastungszeugen mit. Gefragt, was er über die Begebenheit wisse, behauptete dieser ganz frech: »Davon hab ich nichts gesehen und auch nie etwas gehört.« Das war eine so platte Lüge – Max Stern hatte damals keine Scheiben, sondern demonstrativ Pappdeckel eingesetzt, damit jeder Schmallenberger sehen konnte, was geschehen war, und der Vorfall war ein paar Tage Hauptgesprächsthema gewesen. Deshalb fuhr ich hoch und polterte los: »Kewekordes, im Kino in Schmallenberg wird gerade der Film ›Der Meineidbauer‹ gezeigt – guck dir den an!« In diesem Fall gaben die Schmallenberger mir recht. Obwohl Krämer noch mehr Dreck am Stecken hatte – er hatte in der Pogromnacht das Stroh für die SA geliefert –, kam der Ausschuss zu dem Ergebnis, dass ihm nicht nachzuweisen sei, dass er ein Nazi gewesen war.

Auch Amtsinspektor Franz Holthaus, der immer noch auf seinem alten Sessel saß, wurde vorgeladen. Ich berichtete vor allem über die Situation bei uns, in der Holthaus nach der Pogromnacht meine Mutter und die anderen jüdischen Frauen mit dem Tod ihrer Männer erpresst hatte. Weil er schon früh in die NSDAP eingetreten war und sich an jüdischem Eigentum – den Häusern meiner Onkel Sally und Julius Frankenthal – bereichert hatte, wurde er von der Militärregierung von seinem Posten entlassen. Nach der Gründung der Bundesrepublik vergingen eben sechs Wochen, da saß Holthaus wieder an seinem alten Platz, als zweithöchster Beamter in Schmallenberg. Die alten Nazis hielten fest zusammen.

Holthaus war nicht der einzige, der ungestört weitermachen konnte: Ortsgruppenleiter Hermann Gilsbach kam ebenfalls fast ungeschoren davon. Er war 1938 bei uns im Wohnzimmer dabei gewesen, und zu anderer Gelegenheit war ich direkt mit ihm aneinandergeraten. Zu einem Zeitpunkt, als Juden der Einkauf nur noch zu bestimmten Uhrzeiten erlaubt war, hatte ich unbedingt etwas besorgen müssen und war trotz Verbots zum Lebensmittelladen der Königs gegangen. Hermann Gilsbach – wie so oft Schnäpse trinkend im Café König an der Theke stehend – hatte mich beobachtet. Er war mir in den Laden gefolgt und hatte mich laut fluchend mit einem Tritt in den Hintern auf die Straße befördert. Wie andere Ortsgruppenleiter war er direkt nach 1945 von den Engländern verhaftet worden, bald darauf aber wieder in Schmallenberg aufgetaucht. 1946, als ich, mit meinem Ford unterwegs, ihn die Straße entlanggehen sah, hielt ich direkt auf ihn zu … Es gelang ihm gerade noch, hinter einen Baum zu springen. Am nächsten Tag bat mich Dr. Deilmann, bei dem Gilsbach sich beschwert hatte, zu sich. Er wollte von mir wissen, was ich gemacht habe.

»Ich?«, fragte ich unschuldig. »Ich weiß nicht mehr, was ich gestern gemacht habe.«

»Du bist auf Hermann Gilsbach zugefahren?!«

»Ja, stimmt, und wenn er stehen geblieben wäre, könntest du ihn morgen beerdigen!«

Ich fand, dass das mein gutes Recht war – die meisten Nazis wurden nicht zur Rechenschaft gezogen. Ortsgruppenleiter Gilsbach hatte sich, wie viele andere, den neuen Bedingungen angepasst, und die restliche Schmallenberger Bevölkerung trug dies mit. Die Leute waren den alten Nazis gegenüber völlig gleichgültig, es war ihnen eigentlich egal, wer was früher gemacht hatte. Der Schreiner Tigges, der sich während der Nazizeit sonntags immer in SA-Uniform auf den Bürgersteig gestellt und die Kirchgänger angemeckert hatte, bekam nach dem Krieg, als das Pastorat in Schmallenberg renoviert werden sollte, den Auftrag für die Schreinerarbeiten. Kaum hatte ich das spitzgekriegt, hängte ich mich ans Telefon und schilderte dem Pastor Tigges' früheres Verhalten. »Herr Frankenthal, Sie sind doch auch ein gottesgläubiger Mensch, man muss vergessen können«, musste ich mir anhören. Man hat uns und unsere Geschichte einfach ignoriert. Und als der Kalte Krieg anfing, wurde es noch schlimmer. Die Entnazifizierung war eine Farce.

Die Anmeldung

Die erste Reaktion der Stadt erreichte uns in Form einer mündlichen Aufforderung: Wir sollten doch bitte zum Amtshaus kommen, um uns als Bürger der Stadt Schmallenberg eintragen zu lassen. Ernst und ich teilten dem Boten der Stadt, Heinrich Schmidt, mit, wir würden überhaupt nicht einsehen, warum wir uns anmelden sollten – wir hätten uns schließlich auch nie abgemeldet.

Nach seiner ersten erfolglosen Mission vergingen einige Tage, bis Schmidt wieder vor unserer Tür stand: Er solle uns ausrichten, dass wir keine Lebensmittelkarten mehr bekämen, wenn wir nicht erschienen. Wir ließen uns »überreden«. Vor dem Amtshaus setzten wir uns erst einmal auf die Treppenstufen und weigerten uns weiterzugehen. Es gab einen kleinen Auflauf, bevor die Beamten der Stadt uns überzeugt hatten hereinzukommen. In der Abteilung für die Anmeldung saß Ferdinand Hütemann hinter dem Schreibtisch: einer von denjenigen, die unsere Lebensmittelkarten immer mit einem »J« gestempelt hatten. Ich protestierte sofort: »Dir geb ich überhaupt keine Antwort! Mit solchen Nazis wie dir will ich im Leben nicht mehr sprechen.« Ihnen blieb nichts anderes übrig, als jemand anderen zu holen. Letztlich saß uns Rickert, einer aus Werpe von einem kleinen Bauernhof, gegenüber, von dem Ernst und ich uns schweigend erzählen ließen, was die Stadt eigentlich von uns wollte. Als er fertig war, ergriff ich das Wort: »Habt ihr jetzt alles gefragt?«

»Ja.«

»Wollt ihr sonst noch etwas wissen?«

»Nein, wir warten nur noch auf eure Antwort.«

»Die geb ich euch! Holt unsere Geburtsurkunden runter und schreibt da ab. Ich habe es nicht nötig, mich in einer Stadt wieder anzumelden, in der ich geboren bin und so lange gewohnt habe.«

Mit roten Köpfen suchten sie die Geburtsurkunden mit den benötigten Angaben heraus, um die Daten abzuschreiben. Als sie zur Frage der Staatsangehörigkeit kamen, sagte ich: »Stopp! Da will ich hinhaben: staatenlos. Ich will mit diesem Staat nichts mehr zu tun haben.«

»Ja aber, das geht nicht, du bist in Schmallenberg in Deutschland geboren, also bist du deutscher Staatsbürger.«

Damals wusste ich noch nicht, dass uns die deutsche Staatsbürgerschaft mit der Deportation 1943 aberkannt worden war. Während Rickert fein säuberlich seine Formulare ausfüllte, fiel mein Blick auf unsere Geburtsurkunden. Ich traute meinen Augen nicht. Dort prangte eine handschriftliche Eintragung des Standesbeamten Hohmann von 1938: »Der nebenstehende Kindesvater hat als gesetzlicher Vertreter des nebenstehenden Kindes angezeigt, dass dieses zusätzlich den Vornamen ›Israel‹ führe.« Unterschrift: Hohmann. Darunter stand ein Eintrag von 1948: »Die vorstehende Randbemerkung wird hiermit auf Anordnung des Herrn Oberpräsidenten der Provinz Westfalen gemäß § 134 der Dienstanweisung gelöscht.« Unterschrift: Hohmann.

Konfrontationen

In der ersten Zeit nach der Rückkehr war ich politisch aktiv. Ich trat der KPD bei, weil Kommunisten mir das Leben gerettet hatten, und ich sie als die ehrlichsten politischen Menschen kennengelernt habe. Ich hatte in Auschwitz viele Kommunisten getroffen, die alles gegeben haben, um Menschenleben zu retten – ohne sie hätte in Auschwitz kein Jude überleben können.

Während meiner KPD-Zeit wurde in Schmallenberg die CDU gegründet. »Komm«, sagte ich zu Ernst, »lass uns mal hingehen. Wir wollen doch mal sehen, was für Leute da erscheinen.« Unter den Ersten im Versammlungsraum sitzend, konnten wir einen HJ-Führer nach dem anderen hereinkommen sehen – viele der ehemaligen Funktionäre der Nazis waren die ersten CDU-Leute in Schmallenberg. Trotzdem trat ich später in die CDU ein, was natürlich viele überrascht hat. Danach gefragt, warum ich ausgerechnet zu dieser Partei gegangen bin, muss ich zugeben, dass ich zu der Zeit noch dachte, ich könne die Mitglieder vielleicht zum Nachdenken bringen.

Ich versuchte, immer wieder klarzumachen, dass die oberste Spitze der CDU bis zu den Landesparlamenten und Landräten mit alten Nazis durchsetzt sei. Ich nannte als Beispiele Globke, den ersten Staatssekretär unter Adenauer, oder Filbinger und verwies auf deren Vergangenheit. Globke hatte den Kommentar zu den Nürnberger Rassegesetzen geschrieben, aber die anderen taten so, als ob sie nichts wüssten: »Rassegesetze? Wo hat's die denn gegeben?« Es war, als redete ich gegen eine Wand. Filbinger hatte noch kurz nach Kriegsende drei oder vier Soldaten erschießen lassen, aber die anderen erwiderten einfach: »Gut, die Nazizeit ist gewesen, das muss man abhaken. Die Leute haben nichts verbrochen, deshalb sind sie auch berechtigt, heute wieder in diesen Funktionen zu sein.« Wenn ich die Sprache auf die Judenverfolgung und Auschwitz brachte, wurde es noch extremer – davon wusste angeblich keiner etwas, kein einziger! Dabei kannte ich in Schmallenberg viele Nazis von früher.

Aber selbst bei Gleichaltrigen oder Freunden war das Thema tabu. Sobald ich es anschnitt, hieß es: »Ja, ja. Das wissen wir, aber jetzt ist's genug. Da muss man mal mit aufhören.« Das war wirklich ein Kunststück, dass die Deutschen es fertiggebracht haben, dieses Furchtbare so unter der Decke zu halten und totzuschweigen.

Den letzten Zusammenstoß hatte ich mit einem Polizisten. Ich war mit meinem Wagen nach Wiedenbrück gefahren, um einen neuen Viehanhänger zu kaufen. Auf dem Rückweg hatte ich mir gedacht, ich könnte ja kurz beim Zuchtviehmarkt in Dortmund vorbeifahren und etwas mitnehmen. Mit dem vollgeladenen Anhänger hielt mich vor Neheim-Hüsten, am Totenberg, ein Polizist an. Ich zeigte ihm die verlangten Papiere. Nachdem er einmal um den Anhänger herumgegangen war, meinte er zu mir: »Wissen Sie denn nicht, dass Sie mit einer roten Nummer nichts transportieren dürfen? Eine rote Nummer gilt nur für eine Überführung!«

»Das weiß ich, aber der Zufall hat es so ergeben, dass ich zwei Tiere gekauft und sie gleich auf den Anhänger gestellt habe.«

Der Polizist – größer als einen Meter achtzig und sehr breitschultrig – ließ überhaupt nicht mit sich reden, sondern wurde immer unverschämter und lauter. Ich reagierte sehr empfindlich auf diese deutschen Männer in Uniform. Ich ließ mich provozieren und gab zurück: »Passt Ihnen meine Nase nicht? Haben Sie erkannt, wer ich bin? Sie lassen doch jetzt die Wut an mir aus, weil ihr den Krieg verloren habt? Du Nazi!«

Wir stritten immer heftiger, er raste vor Wut, bis ich mir die Eisenstange vom Wagenheber packte und ihm drohte: »Wenn du jetzt nicht ganz schnell wegkommst, schlag ich dir die Stange übern Kopp. Dann hab ich wenigstens einmal in meinem Leben einen Nazi totgeschlagen.«

Ihm blieb die Spucke weg, ich stieg ins Auto und brauste davon.

Nach drei oder vier Wochen klingelte ein befreundeter Polizist, Wilfried Bracht, bei mir – wir hatten noch keine Polizeistation in Schmallenberg, da spielte sich das alles noch privat ab – und fragte: »Was hast du gemacht?«

»Ich wüsste nichts.«

»Du hast einem Kollegen gedroht, ihn totzuschlagen und ihn als Nazi tituliert.«

»Ich hab ihn als Nazi tituliert, das stimmt. Ob ich ihn totschlagen wollte, dass kann ich dir nicht mehr sagen. Aber wenn er nicht weggegangen wär', hätt's sein können.«

Das Ganze ist ans Gericht gegangen, und nach einiger Zeit erhielt ich eine Vorladung des Landgerichts in Arnsberg: die Bundesrepublik Deutschland gegen Hans Frankenthal. Nachdem die Anklage vorgelesen worden war, fragte der Richter: »Herr Frankenthal, stimmt das, was man Ihnen vorwirft?«

»Das stimmt ganz genau.«

»Und wie äußern Sie sich dazu?«

Ich erklärte: »Wenn mir ein Mensch von dieser Größe und breit wie ein Kleiderschrank gegenübersteht, sehe ich die Mörder meiner Eltern. Ich bin fest davon überzeugt, dass dieser Mann mich als Jude erkannt hat. Fragen Sie ihn, in welcher Einheit er im Krieg gedient hat, ob er bei der SS oder bei der Wehrmacht gewesen ist.«

»Herr Frankenthal, das gehört hier nicht hin.«

»Aber Sie können mir ja mal den Gefallen tun.«

Der Richter erkundigte sich bei dem Polizisten, ob er auf diese Frage antworten wolle. Als der verneinte, rief ich laut: »Das ist für mich der Beweis, dass er die schwarze Uniform angehabt hat.«

Das Gericht zog sich zurück, und es dauerte eine Weile, bis das Urteil verkündet wurde. Der Richter führte aus, gegen welche Paragrafen ich verstoßen habe, und fügte hinzu: »Herr Frankenthal, ungestraft kommen Sie nicht davon. Ihre Vergangenheit und ihre Aufregung berücksichtigen wir. Sind Sie mit 300,– DM Geldstrafe einverstanden?«

Selbstverständlich war ich damit einverstanden. Mein Gespür dafür, frühere Nazis sofort zu erkennen, hatte schon öfters zu ähnlichen Auseinandersetzungen geführt. Nach diesem Zusammenstoß ging ich allerdings mit mir selber zurate und überlegte, was ich weiter machen sollte: Diese verdammt schwere Zeit vergessen und so tun, als ob nichts gewesen sei? Letztlich kam ich zu der Überzeugung, dass ich besser den Mund halten sollte, da mir ja doch keiner glaubte und ich mir eine Menge Ärger einhandelte. Danach habe ich das Thema lange Zeit verdrängt.

Die Familiengründung

1947 lernte ich meine spätere Frau Annie Labe kennen, die als Küchenhilfe im Gasthof Habbel angestellt war. Wir verstanden uns sofort gut, sprachen bald über Heiratspläne. Aber es gab ein Problem: Ich war Jude. Wie es im Sauerland so üblich war, musste ich mich bei den zukünftigen Schwiegereltern vorstellen. Meine Frau hatte diese guten Christen schon vorgewarnt, ich sei kein Christ. »Was ist er denn?«, hatten sie gefragt.

»Er ist Jude.«

»Ach du lieber Gott.«

Obwohl Annie sich durchsetzen konnte, kamen meine Schwiegereltern immer wieder auf das Thema zurück. Bei einem Besuch sprachen sie an, was sie wohl am meisten beschäftigte: »Was ist mit den Kindern, was werden die?« Meine Frau und ich hatten einen Entschluss gefasst: Unsere Kinder sollten später selbst bestimmen, welche Religion sie ausüben wollten. Damit erklärten sich meine Schwiegereltern fürs Erste einverstanden.

Hochzeitsfoto von Hans und Annie Frankenthal,
geborene Labe, September 1948
Privatarchiv Hans Frankenthal, Jüdisches Museum Berlin

Annie und ich heirateten im September 1948. Auf unserem Hochzeitsfoto sieht man meine dick verschwollene Backe. Ich hatte mich bis dahin nicht weiter um meine aufgebohrten Backenzähne gekümmert, obwohl nach und nach Teile der Kränze abgebrochen waren. Jetzt folgte eine Kiefervereiterung auf die andere.

Verständlicherweise war ich kein Freund von Zahnärzten, aber es half nichts mehr, ich musste mich zu einem Zahnarztbesuch durchringen. Ich nahm allen Mut zusammen und wandte mich an Dr. Alwin Balzer, der schon meinem Vater die Zähne repariert hatte. Seines Ranges Oberleutnant im Ersten Weltkrieg, gab er sich immer besonders militärisch, auch gegenüber seinen Patienten. »Machen Sie den Mund auf!«, erscholl es im Kommandoton. Nachdem er die Bescherung in meinem Mund genau betrachtet hatte, fragte er: »Wie kommt man denn an so etwas?«

Ich erklärte es ihm mit kurzen Worten. Obwohl er ehrlich empört war, ließ ich nicht locker: »Den Vorteil müssten doch eigentlich Sie jetzt haben.«

»Wieso ich!?«

»Die haben doch in Auschwitz experimentiert.«

»Es kommen jeden Tag so viele Berichte über neue Mittel – die schreiben bestimmt nicht dazu, was davon in Auschwitz ausprobiert wurde.«

Dr. Balzer zog mir erst rechts unten die Backenzähne, zwei Tage später die beiden rechts oben, dann links unten und so weiter – bis alle raus waren. In der folgenden Nacht wachte ich auf, den Mund voller Blut.

»Was ist denn los?«, fragte meine Frau verschlafen.

»Ich weiß nicht. Warte einen Moment, ich spül erst mal den Mund.«

Danach spürte und sah ich, wie aus meinem Kiefer ein richtiger kleiner Blutstrahl spritzte, und rief Dr. Balzer an: »Herr Doktor, ich habe Nachbluten.«

»Gibt's so was auch?« entgegnete er, richtig militärisch.

»Ja.«

»Nimm dir ein Frotteehandtuch, beiß ganz fest drauf, es wird schon aufhören.«

Ich habe auf ein Handtuch gebissen, zwei Stunden, aber es blutete weiter. Es blieb nichts anderes übrig, als mitten in der Nacht zur Zahnarztpraxis zu fahren, wo mir Dr. Balzer im Schlafanzug unter seinem weißen Kittel gegenüberstand. Es dauerte einige Zeit, bis es uns gelungen war, die Blutung zu stillen. In den nächsten Wochen baute Dr. Balzer nach und nach die Ersatzteile ein – da war ich noch nicht einmal 30 Jahre alt und hatte schon künstliche Zähne.

Unsere Ehe verlief in den ersten Jahren sehr gut. Annie konnte richtig gut zupacken, half eine Menge beim Viehhandel, und wir arbeiteten viel zusammen. Über Auschwitz sprachen wir kaum. Sie wusste wohl, dass meine Familie wie fast alle Schmallenberger Juden ermordet worden war und wir Brüder in Monowitz gewesen waren, aber über Einzelheiten sprach ich nicht mit ihr. Wenn sie fragte, wehrte ich meistens ab. Annie erlebte allerdings einen Teil der Auswirkungen: Ich war ein sehr unruhiger Schläfer. Ich sprach, heulte und schrie nachts, wenn mich meine Träume verfolgten. Bestimmte Bilder aus Monowitz kehrten immer wieder: Ich träumte von Schlägen auf der Baustelle oder wie ich mit ansehen musste, wie Menschen auf dem Appellplatz verprügelt wurden, von Max Stern, den wir mit ins Lager zurückgeschleppt hatten, ich sah Muselmänner und entdeckte plötzlich mich selbst unter ihnen, als einen, der am Ende war, der gleich zusammenbrechen würde – der sichere Tod. In meinen Träumen quälten mich auch Erinnerungen an die unaussprechlich grausamen Ereignisse in den drei Tagen und Nächten im Waggon auf der Fahrt nach Auschwitz, und manchmal wachte ich kurz vor dem Erfrieren im offenen Kohlewaggon auf – nass geschwitzt und voller Panik.

Die Kinder der Überlebenden

1950 wurde Adelheid, unsere älteste Tochter, geboren. 1952 kam unser Sohn Hans Dieter und 1954 Anita, die Jüngste, zur Welt. Als Anita geboren war, donnerte der Pastor am Sonntag von der Kanzel herunter, dass in Schmallenberg Kinder geboren würden, die nicht getauft würden. Heidenkinder! Dieses Ereignis – das man mir ganz schonend beibrachte, Annie etwas ausführlicher – war der Auslöser: Nun fing meine Frau zusammen mit ihren Eltern an, Druck auf mich auszuüben. »Siehst du! Jetzt haben wir's. Das geht doch nicht. Die Adelheid kommt bald in die Schule. Wenn sie nach ihrer Religion gefragt wird, und keine hat, was soll sie sagen?« Die drei redeten so lange auf mich ein, bis ich am Schluss aufgab: »Macht doch, was ihr wollt!« Nachdem sie sich mit dem Pastor in Verbindung gesetzt hatten, sollten die Kinder wenig später alle zur gleichen Zeit getauft werden, doch da habe ich mich noch einmal zu Wort gemeldet: »Eins bitte ich mir aus: Nicht öffentlich in der Kirche. Von mir aus in der Sakristei, aber ich will keinen Menschenauflauf vor der Kirche sehen! Ich gehe sowieso nicht mit – ich bin an dem Tag unterwegs –, aber ich will nicht, dass die ganzen Schmallenberger zugucken.«

So sind meine Kinder getauft worden. Gelöst hat das die Probleme nicht. Als Adelheid später bei ihrer Kommunionsmesse mit ihrer Mutter das Mittelschiff betrat, haben die Leute in den Bänken gemurmelt: »Was will denn dieses Judenmädchen hier, als Kommunionkind, im Engelchenkleid?« Das hat mir meine Tochter aber erst Ende der achtziger Jahre erzählt. Meine Frau verschwieg die Geschichte, denn sie wusste genau, ich hätte an ihrer Stelle sofort kehrtgemacht!

Heute bedaure ich es sehr, dass meine Kinder nicht jüdisch erzogen worden sind, aber damals habe ich die Erziehung weitgehend meiner Frau überlassen. Die Beziehungen zu meinen Kindern waren nie einfach. Wegen der vielen Arbeit sah ich sie kaum, spielte nur ganz ausnahmsweise mit ihnen und konnte sie auch nie auf den Arm nehmen. Wenn es um Geld oder Geschenke ging, war ich dagegen sehr großzügig. Sie bekamen, was sie sich wünschten. Unsere Nachbarin Theresia Rautekuss sagte mir vor ein paar Jahren, als ich mich über meine Kinder beschwerte: »Du bist doch selbst schuld! Wenn unsere Kinder mit zehn Mark zum Schützenfest gingen, dann hatten deine Kinder fünfzig Mark dabei.«

Ich konnte mit meinen Kindern nicht offen über meine Vergangenheit sprechen. Wenn sie nach der Tätowierung auf meinem Arm fragten, erklärte ich ihnen, das sei eine wichtige Telefonnummer, die ich nicht vergessen dürfe. Diese Frage stellten mir viele, aber nachdem ich anfangs versucht hatte, die Wahrheit zu erzählen, und ungläubige, abwehrende Reaktionen erlebt hatte, antwortete ich nur noch mit dieser Notlüge. Hätte ich meinen Kindern sagen sollen, ihre Großeltern seien in Auschwitz ermordet worden? Sie wären auf den Schulhof gegangen, hätten vielleicht darüber gesprochen und sich von ihren Schulfreunden anhören müssen, dass ihr Vater ein Lügner sei. Das wollte ich ihnen ersparen. Aber gleichzeitig habe ich versucht, es ihnen auf andere Art und Weise nahezubringen: Wenn sie vom Spielen nach Hause kamen und sagten, sie hätten Hunger, antwortete ich ihnen: »Ihr könnt keinen Hunger haben! Hunger haben wir gehabt, was ihr habt, das ist Appetit, aber kein Hunger!«

Ich nehme an, dass Annie mit ihnen gesprochen hat, ihnen erklärt hat, warum ich manchmal so komisch war – aber von mir aus konnte ich nie direkt und ausführlich mit meinen Kindern über meine Vergangenheit sprechen. Viele Überlebende hatten Schwierigkeiten, über ihre Erlebnisse zu berichten. Sie wollten das Furchtbare vergessen oder konnten einfach nicht sprechen – und die anderen fragten nicht. Auch untereinander mieden wir das Thema. Auf den Schlachthöfen, wo nach 1945 noch vereinzelt Juden handelten, fragten wir, wenn wir jemanden trafen, von dem wir wussten, er ist Jude, vielleicht mal ganz beiläufig: »Wo hast du den Krieg überlebt?« Manchmal kam kurz angebunden: »im Lager« oder »im Ghetto« – dann war Schluss! Wir wollten die Sache nicht hochschaukeln – und die anderen wollten nichts hören.

Max Rosenstein, der mit uns in Monowitz durch Dick und Dünn gegangen war, traf ich zufällig 1947 auf dem Schlachthof in Dortmund. Er sprach nie wieder über sein erschlagenes Kind oder irgendetwas anderes aus der Lagerzeit. Vor Auschwitz hatte er fünf Kinder gehabt – es wurde auch erzählt, mit dem sechsten sei seine Frau schwanger gewesen. Nachdem Rosenstein 1945 einigermaßen gesund zurückgekehrt war, hatte er wieder geheiratet und mit seiner neuen Frau drei Kinder bekommen. Diesen Kindern gab er die gleichen Namen wie seinen ermordeten Kindern. Vielleicht hätten direkt nach 1945 Psychiater denen, die aus den Lagern zurückkamen, raten sollen, keine Kinder in die Welt zu setzen, denn wir haben unseren Kindern kaum Liebe geben können.

Ernst

Mein Bruder Ernst sprach ebenfalls nicht über die Zeit vor 1945. Er behauptete, er könne sich nicht mehr erinnern – und ich habe ihm fast geglaubt, bis ich nach fast vierzig Jahren eher zufällig dahinterkam, dass er sich sogar an die Namen unserer Freunde erinnern konnte, die drei Tage vor der Räumung des Lagers erhängt worden waren.

Nach unserer Rückkehr erfuhr Ernst, dass Margot Menzel aus Bochum, seine Jugendliebe, überlebt hatte. Die beiden heirateten 1946 und zogen in den oberen Teil unseres Hauses, während ich mit Annie im unteren Teil wohnte. Nachdem Ernst anfangs beim Viehhandel geholfen hatte, absolvierte er bei der Firma Stratemann in Dortmund – der Opelvertretung, ein ehemals jüdischer Betrieb – seine Volontärzeit und plante, eine Tankstelle zu kaufen oder zu pachten. Er hatte an der Möhne bereits eine geeignete ausgesucht, da eröffnete ihm sein Arzt, dass dieser Job das Schlimmste sei, was er sich antun könne. Die Gelbsucht, an der er in Monowitz erkrankt war, war nicht richtig ausgeheilt. Ernst musste wegen seiner geschädigten Leber und Galle genau auf seine Ernährung achten, und nun warnte ihn sein Arzt, die Benzindämpfe würden seine Leber endgültig kaputtmachen.

Nachdem ihre Tochter Ruth geboren war, bat Margots Onkel Siegfried Goldenberg sie, nach Münster zu ziehen. Er hatte zusammen mit seiner Frau das Ghetto Riga überlebt, aber sie hatten ihre Kinder verloren und wollten jetzt gerne wieder Kinder um sich haben. So zog mein Bruder mit seiner Familie 1948 nach Münster, wo er mit Siegfried ein Fischgeschäft betrieb. In Münster wurde auch das zweite Kind, ihr Sohn Uriel, geboren. Er war gerade zwei Jahre alt, als seine Mutter Mitte der fünfziger Jahre an Krebs starb. Margot war noch jung, und wir haben immer angenommen, dass ihr früher Tod auch eine Folge ihrer Leidensgeschichte war. Nach einigen Jahren musste Ernst auch die Arbeit im Fischgeschäft aus gesundheitlichen Gründen aufgeben. Er heiratete ein zweites Mal und übernahm ein Zeitschriftengeschäft mit einer Lotto-Toto-Annahmestelle. Ernst starb am 11. Juni 1993. Sein Geschäft übernahm sein Sohn Uriel.

Die Knieoperation

Anfang der fünfziger Jahre waren die Schmerzen in meinem Knie wieder stärker geworden. Die Behandlung machte keinerlei Fortschritte, und 1953 schickte mich mein Arzt nach Bigge in die Spezialklinik zu Chefarzt Dr. Eckert. Nach dem Röntgen bat Dr. Eckert mich zu sich und riet mir dringend, mich operieren zu lassen, da Verdacht auf Knochen-Tuberkulose bestünde. Ich willigte ein. Sie behielten mich, und ich blieb gleich in Bigge, während alles für die Operation vorbereitet wurde.

Als ich aus der Narkose erwachte, war mein Bein bis zum Becken eingegipst. Die Ärzte erklärten mir, dass es tatsächlich Knochen-TBC gewesen sei. Sie hatten das Kniegelenk entfernen müssen, mein Bein würde auf jeden Fall steif bleiben. »Aber erst mal müssen Sie gesund werden, momentan könnten wir nur eines tun: Hoffen und Beten«, sagten sie.

»Hoffen und Beten«, schnappte ich zurück, »kann man da auch gesund von werden?«

Im weiteren Gespräch erwähnte ein Arzt ein Medikament, das mir helfen könnte, aber das stehe ihnen leider noch nicht zur Verfügung. Auf mein Nachfragen hin erzählte er von einem Arzneimittel aus Amerika – Streptomyzin. Ich verlangte sofort nach einem Telefon und rief Siegfried Heimberg in Dortmund an. Er war mit uns zusammen aus Theresienstadt zurückgekommen. Nachdem ich ihm meine Situation geschildert hatte, erkundigte er sich nach dem genauen Namen des Medikaments und der benötigten Dosis. Es war nicht wenig – mindestens 100 Spritzen –, aber er beruhigte mich: »Mach dir keine Sorgen, ich kümmere mich darum.« Drei Tage später war die erforderliche Menge in Bigge, organisiert durch den *Joint*.[13] Nach einem längeren Zeitraum, in dem ich täglich eine Spritze erhielt, erholte ich mich und wurde einigermaßen gesund. Allerdings musste ich in den nächsten Jahren noch mehrere Operationen über mich ergehen lassen. Mein Bein blieb steif.

Die »Wiedergutmachung«

Ich würde zumindest nicht an den Folgen der Gefangenschaft sterben – das war irgendwann klar. Nun rechnete ich fest damit, dass den Überlebenden eine so hoch berechnete Rente zugestanden würde, dass sie nicht mehr für ihren Lebensunterhalt arbeiten müssten – sozusagen als »Wiedergutmachung«. Ich mag dieses Wort nicht, weil eigentlich nichts von all dem Leiden wieder gut gemacht werden kann. Meine Erwartungen wurden nicht erfüllt, im Gegenteil. Sobald die ersten gesetzlichen Regelungen zum Thema »Wiedergutmachung« in den fünfziger Jahren verabschiedet worden waren, baten wir Dr. Deilmann um Hilfe. 1935 war im Kompagniegeschäft Gebrüder Frankenthal noch eine Steuerprüfung durchgeführt worden, was eine Aufstellung über den Schaden durch den zunehmenden Umsatzrückgang seit 1933 und die letztliche Schließung des Geschäfts sehr erleichterte.

13 Kurzbezeichnung für das American Jewish Joint Distribution Committee (JDC), das weltweit Hilfe für die verfolgten Juden organisierte und nach 1945 die bedeutendste Hilfsorganisation für die jüdischen Überlebenden war.

Mit der von uns errechneten Forderung von ca. 35 000 Mark wandten wir uns an die Behörden. Regierungsrat Radtke bestellte mich daraufhin in das Amt für Wiedergutmachung nach Arnsberg, wo er mir mitteilte, ich habe aufgrund des Erbscheins zwar Anspruch auf Rückerstattung sämtlicher Sachwerte, allerdings keinen berechtigten Anspruch in Bezug auf das Geschäft meines Vaters. Er begründete dies damit, dass ich 1938 erst 12 Jahre und Ernst erst 14 Jahre alt – also nicht selbst Inhaber des Geschäftes – gewesen seien. »Sie haben deshalb heute keine Berechtigung, die Wiedergutmachung zu verlangen.« Mir verschlug es fast die Sprache: Wir als Kinder der Ermordeten hätten keine Ansprüche zu stellen! Und das von einem Mann, der bei der SPD gewesen war und bei den Nazis sogar ein paar Wochen in Haft gesessen hatte. Mit ihm mussten wir uns jetzt um jeden Pfennig streiten.

Tatsächlich erhielten wir keine Entschädigung für das väterliche Geschäft. Zugestanden wurde uns lediglich eine einmalige Summe von 5000 DM für das »Nichterlernen eines Berufes«, die nach einer Gesetzesnovelle noch einmal um den gleichen Betrag erhöht wurde. 10 000 DM für Zwangsarbeit, Deportation, die verlorene Jugend, KZ-Haft, Verlust der ganzen Verwandtschaft, lebenslange gesundheitliche und psychische Folgen …

Unser Elternhaus bekamen wir offiziell erst Anfang der sechziger Jahre zurück. Die Stadt hatte 1945 gesagt, wir sollten uns als Eigentümer betrachten, aber eine Übertragung könne noch nicht stattfinden. Die Stadt forderte 1300 DM als Rückerstattung für die 13 000 Reichsmark, die mein Vater nach dem erzwungenen »Verkauf« seines gesamten Vermögens nach der Pogromnacht angeblich erhalten hatte – 8000 RM waren damals gleich von dieser Summe als »Judenbuße« abgezogen worden. Jedenfalls entschädigte uns die Stadt nicht etwa für das verwohnte, renovierungsbedürftige Haus oder die verlorenen Mieteinnahmen – wir mussten zahlen.

Die Entschädigungen waren eine Katastrophe: Es gab Hunderte von speziellen Regelungen, die Berechnungsgrundlage war immer die für den Staat günstigste, und um jeden Pfennig entbrannte ein riesiger

Papierkrieg. Nach jahrelangen Auseinandersetzungen mit den Wiedergutmachungsämtern habe ich aufgehört, mich aufzuregen, und aufgegeben. So etwas wie eine einigermaßen angemessene Entschädigung für die erlittenen Vermögensverluste hat es in der Bundesrepublik nicht gegeben.

Bei den Rentenansprüchen sah es nicht viel besser aus. Mein steifes Knie, die tiefen Narben an den Unterschenkeln, meine kaputten Zähne – alles unbedeutend. Mit der Einstufung meiner Erwerbsfähigkeit als um vierzig Prozent gemindert erhielt ich 1953 eine Teilrente von 93,33 DM.

Ernst wollte sich wegen seiner unverheilten Gelbsucht ebenfalls einstufen lassen. Nach der Untersuchung in Münster rief er mich an: »Weißt du, wie viel Prozent ich gekriegt habe?«

»Nein. Fünfzig, sechzig?«

»Null!«

»Das musst du mir noch mal sagen: Null?«

»Ja, null!«

Ich war empört. Ich begann nachzuforschen, wer der verantwortliche Arzt war, erkundigte mich bei der *Vereinigung der Verfolgten des Naziregimes*,[14] und es stellte sich tatsächlich heraus, dass er ein ehemaliges NSDAP-Parteimitglied war. Das war schrecklich: Des Öfteren saßen wir Ärzten gegenüber, die bereits vor 1945 praktiziert hatten, selbst Nazis gewesen waren und noch immer dieselben Gedanken im Kopf hatten und nun für unsere Renteneinstufungen zuständig waren.

Die Einstufungen waren sehr schlimm, aber noch schlimmer waren die Reaktionen der Bevölkerung auf der Straße: Leute kamen auf mich und andere Überlebende zu und warfen uns vor, was wir uns denn beschweren würden, wir hätten doch für unser ganzes Leben

14 Die 1947 in Frankfurt am Main gegründete Vereinigung der Verfolgten des Nazi-Regimes (VVN) setzte sich für soziale Belange der Opfer und ehemaligen Widerstandskämpfer ein und vertrat antifaschistisch-demokratische Positionen. Seit 2002 firmiert sie als Vereinigung der Verfolgten des Naziregimes – Bund der Antifaschistinnen und Antifaschisten (VVN-BdA). Sie ist nach eigenen Angaben mit rund 9000 Mitgliedern die größte antifaschistische Organisation in der Bundesrepublik.

ausgesorgt, ich bekäme sicherlich monatlich mindestens 10 000 DM Rente. All diese Sachen hat man öffentlich zu mir auf der Straße gesagt, und ich habe geantwortet: »Ihr könnt ja mit mir nach Hause kommen und in meine Akten reingucken – aber nehmt eure Taschentücher mit, ihr fangt an zu weinen.«

Ein ganz gewöhnlicher Bürger von Schmallenberg

Eigentlich war ich ab den fünfziger Jahren wieder ein ganz normaler Bürger – so kann man das ausdrücken. Ich war Mitglied in fast allen Schmallenberger Vereinen, außer bei denjenigen, die sich zu nah an den Nationalsozialismus angeschlossen hatten. Aber im Schützenverein, im Gesangsverein oder im Kegelklub war ich ein gern gesehenes Mitglied. Ich hatte zu den meisten Schmallenbergern ein ausgesprochen freundschaftliches Verhältnis – außer zu den vielleicht zehn Personen, von denen ich wusste, dass sie im Nationalsozialismus eine besondere Rolle gespielt hatten. Denen ging ich aus dem Weg.

Ansonsten traf ich mich mit meinen Kumpeln bei den Vereinen oder in der Kneipe beim Stammtisch zum Kartenspiel. Einmal im Jahr fuhr der ganze Kegelverein weg, und wir hatten viel Spaß miteinander. Gerade der Kegelklub, in dem überwiegend Schmallenberger Handwerker – Metzger, Schlosser, Installateure und so weiter – waren, spielte eine besonders große Rolle für mich. Dort verbrachte ich viel meiner freien Zeit.

Insgesamt fühlte ich mich sehr wohl in Schmallenberg. Nur manchmal passierten Dinge, die mein »Anderssein« plötzlich ans Licht brachten. In den sechziger Jahren beteiligte ich mich zum Beispiel am Königsschießen des Schützenvereins. Als mich nur noch ein oder zwei Schuss vom Titel des Vizekönigs trennten, wandte ich mich an den Vereinsvorstand, der direkt hinter uns Schützen stand: »Wie steht ihr dazu, wenn ich jetzt weiterschieße?«

Jeder wusste, warum ich diese Frage stellte, aber der Vorstand meinte, ich solle weitermachen, solche Probleme gebe es im Schützenverein nicht. Ich wurde also Vizekönig. Ein Teil der Schmallenberger freute sich mit mir, aber beim Frühschoppen nach dem Schießen ging auch das Gerücht um, dass der Gärtnermeister Anton Irmler einige Schützenbrüder und Kegelbrüder gefragt habe, ob sie denn hinter einem Juden durch die Stadt gehen wollten. Kaum war mir das zu Ohren gekommen, ging ich zum Vorstand, um zu fragen, wie sie sich dazu stellen würden, und erhielt in ihrem angeheiterten Zustand die Antwort: »Alles Quatsch, es ist und es bleibt so!«

Das ganze Jahr war Ruhe, bevor das Thema beim folgenden Königsschießen wieder auf den Tisch kam. Üblicherweise standen bei der Schützenmesse, der Frühmesse vor dem neuen Wettkampf, sowohl Schützenkönig als auch Vizekönig mit zwei Offizieren vor dem Hochaltar. In den Tagen vorher sprach sich in Schmallenberg herum, Pastor Ernst habe gesagt, er wolle nicht, dass ein Jude vor dem Hochaltar erscheine. Da drehte ich den Spieß um und erklärte, ich wolle mich gegen den Pastor nicht auflehnen, also würde ich statt zur Messe mit meinen Offizieren im Hotel Störmann ein paar Bier trinken gehen. Da wollten die meisten Offiziere natürlich lieber mich begleiten. Der Pastor machte einen Rückzieher, aber jetzt wollte ich nicht mehr. Ich ging mit zwei Vereinsbrüdern zum Biertrinken und weigerte mich auch, zum Schützenspalier zu erscheinen, durch das der Pastor nach der Messe schritt. Ich reihte mich erst wieder ein, als er in seinem Haus verschwunden war.

Wenn ich nicht durch solche unerfreulichen Ereignisse daran erinnert wurde, versuchte ich meine Vergangenheit zu ignorieren. Wenn ich jedoch beim Viehtreiben über mein steifes Knie stolperte und nicht schnell genug mitkam – was habe ich dann die Lagerzeit verflucht! Von mir aus sprach ich das Thema bei meinen Freunden aber nicht an. So passierte es, dass sie bei einem ganz normalen Thekengespräch in meinem Stammlokal im Schmallenberger Sportverein anfingen, mit ihren Kriegserlebnissen zu prahlen – wie es unter Deutschen so üblich war und bis heute noch nicht aus der alten Garde rauszukriegen ist. Der Erste war in Russland, der Zweite in Frankreich, der Dritte in Norwegen … Ich schwieg, bis sich nach einer Weile einer zu mir umdrehte: »Hans, wo bist du eigentlich während des Krieges gewesen?«

»Ich? Ich war in Auschwitz.«

Die ganze Runde schaute mich an: »Auschwitz? Wo liegt das? In welchem Land?«

»In eurem schönen Deutschland lag das. Dort war ein Vernichtungslager, wo ihr Deutschen fabrikmäßig Menschen erschlagen, erschossen und vergast habt!«

Nach einer Sekunde Stille empörten sich die fünf wie auf ein Kommando: »Du bist doch ein Spinner! Du lügst uns hier einen vor, so was hat es im Leben nie gegeben!«

»Passt mal auf«, erwiderte ich ihnen, »ihr seid alte Schmallenberger. Die Stadt hatte früher elf jüdische Familien und heute gibt es noch eine. Von diesen jüdischen Familien fehlen mir noch sechsunddreißig Menschen. Könnt ihr mir sagen, wo die sind? Ich weiß, wo sie sind, aber wenn ihr mir in einem Jahr sagt, wo diese Menschen 1945 noch gelebt haben, stelle ich mich vierundzwanzig Stunden auf den Kirchplatz und rufe: Ich bin ein Lügner.« Wutentbrannt lief ich aus der Kneipe.

Als wir am nächsten oder übernächsten Tag wieder aufeinander trafen, wollten sie wissen, warum ich mich so aufgeregt habe.

»Dass ihr nicht zugeben wollt, was eure Väter und ihr selber verbrochen habt«, blaffte ich sie an.

»Wir haben nichts verbrochen.«

»Nein, ihr seid Engel gewesen. Die Juden haben sich alle selber umgebracht.« Es war zwecklos.

Der Prozess in Frankfurt

1963 wurde der *Auschwitz-Prozess*[15] in Frankfurt am Main eröffnet. Einige Monate zuvor waren Ernst und ich zu einer Anhörung vor das Amtsgericht Fredeburg geladen worden, wo man uns erklärte, es werde einen Prozess zu den Geschehnissen in Auschwitz geben. Wir wurden nach Erinnerungen befragt und ich erhielt eine Zeugenvorladung, um in Frankfurt über meine Haftzeit und die Todesmärsche auszusagen.

Nach meinen Ausführungen fragte mich der Gerichtsvorsitzende: »Sind Sie viel mit SS-Leuten zusammengekommen? Würde es Ihnen etwas ausmachen, wenn Sie durch die Reihen gehen und sich die Angeklagten anschauen würden? Sie können sich ein Stück Papier und einen Kugelschreiber mitnehmen. Die Angeklagten haben Nummern vor sich, und wenn Sie einen erkennen, würden Sie dann bitte dessen Nummer aufschreiben?«

»Tun Sie mir einen Gefallen« erwiderte ich, »ich möchte diesen Menschen nicht ins Gesicht schauen.«

»Aber wenn wir die Geschichte aufarbeiten wollen, müssen Sie sich überwinden.«

Also trat ich, Zettel und Stift in der Hand, zu den Angeklagten. Nachdem ich beim zweiten oder dritten die Nummer aufgeschrieben hatte, stand ich plötzlich vor einem Gesicht, das sich mir gut eingeprägt hatte: Vor mir saß der Mann, der mich von der Krankenbaracke verjagt und getreten hatte, als ich Ernst vor der Selektion warnen wollte. Es war Sanitätsdienstgrad Neubert. Ich stand stocksteif, brachte kein Wort heraus und schaute ihn so lange an, bis er mir zunickte. Dann setzte ich

15 1963 eröffnete das Landgericht in Frankfurt am Main den ersten großen Strafprozess gegen ehemalige Mitglieder der Lagermannschaft des nationalsozialistischen Vernichtungslagers. Die Zeugenaussagen von über 200 Überlebenden, eine Vielzahl verlesener Dokumente und historische Gutachten erlaubten einen Einblick in die industrielle Massenvernichtung in Auschwitz. Einzelne Freisprüche und ein teilweise geringes Strafmaß lösten öffentliche Empörung aus.

Hans Frankenthal am Tag seiner Zeugenvernehmung (6. März 1964) vor dem Römer, dem Sitz des Frankfurter Stadtparlaments, wo das Schwurgericht bis April 1964 tagte
ddp images/AP/Kurt Strumpf

meinen Weg fort und erkannte noch mehrere Personen wieder. Sobald ich dem Gericht erklärt hatte, wen ich woher kannte und was ich über die Einzelnen wusste, fragten sie nach der Person, vor der ich so lange gestanden hatte. Ich erzählte von der damals drohenden Ermordung meines Bruders.

Über den Prozess wurde in der Presse berichtet. Sobald die Schmallenberger nun in der Zeitung lasen »Hans Frankenthal sagte beim Prozess aus« und einige mich sogar im Fernsehen sahen – das war die Zeit der ersten Fernseher, und in der Wirtschaft saßen abends alle vor dem neuen Apparat und schauten Nachrichten –, da sprachen sie mich plötzlich an. Ob ich ihnen nicht mal etwas erzählen wollte. »Ich euch was erzählen? Damit ihr mir morgen wieder sagt, ihr glaubt es nicht. Es gibt reichlich Literatur darüber, besorgt sie euch.« Aber wir Überlebenden waren wirklich dankbar über diesen Prozess – endlich, nach zwanzig Jahren, wurde das erste Mal öffentlich über Auschwitz gesprochen.

Ein Brief aus Polen

Der Frankfurter Prozess ermöglichte noch etwas anderes: Anfang der siebziger Jahre lag ein Brief aus Polen in meinem Briefkasten – Jan Krupka schrieb mir. Wie sich herausstellte, hatte er in Polen in der Zeitung in den Berichten über den Auschwitz-Prozess meinen Namen entdeckt und sich an die Frankfurter Staatsanwaltschaft gewandt, um dort meine Adresse zu erhalten. Jan, der nach dem Krieg Bürgermeister von Monowitz geworden war, schilderte die äußerst schlechte wirtschaftliche Lage in Polen und bat um Hilfe. Wir schickten ein großes Paket, mit allem, von dem wir dachten, er könne es gebrauchen.

Nach seinem ein paar Wochen später eintreffenden langen Dankesbrief mit einigen weiteren Bitten, lud ich Jan kurzentschlossen nach Deutschland ein. Indem ich ihn pro forma in der Schlachterei einstellte, verschaffte ich ihm ein paar schöne Wochen. Weil Jan ein passionierter

Angler war, besorgte ich über einen guten Freund eine Angelerlaubnis an der Lenne. Jeden Tag, wenn er mit zehn oder zwölf Forellen zurückkam – er konnte sie wunderbar braten –, setzten meine Gesellen und ich uns mit ihm zusammen, um sie zu genießen. Während seines Aufenthalts fand auch das Schmallenberger Schützenfest statt. Jan begleitete mich, und ich stellte ihn als denjenigen vor, der unseren Brief aus Monowitz herausgeschmuggelt hatte. Den Leuten blieb vor Verblüffung der Mund offen stehen.

Nach acht Wochen fuhr Jan – beladen mit Rucksack, Koffern und Paketen – glücklich wieder nach Hause. Im nächsten Jahr, als Jan auf meinen Vorschlag hin von Ernst eingeladen worden war, besuchte ich ihn zwei-, dreimal in Münster. Mit der Zeit brach unser Kontakt aber wieder ab.

Die Kinder werden erwachsen

1975 übernahm ich die Metzgerei des verstorbenen Josef Wilmes. Seine Witwe suchte für die Zeit, bis ihr Sohn den Laden übernehmen konnte, einen Pächter. Zusammen mit meiner ältesten Tochter Adelheid, die in der Metzgerei eines meiner Kunden in Olpe ihre Lehre als Verkäuferin gemacht und bereits in Wuppertal gearbeitet hatte, und meinem Sohn Hans Dieter baute ich in den nächsten Jahren einen gut laufenden Partyservice auf. Dabei kamen mir meine Vereinsmitgliedschaften natürlich sehr zugute. Adelheid war eine sehr engagierte und gute Verkäuferin. Hans Dieter hätte wohl lieber studiert, aber als es an seine Ausbildung gegangen war, hatte ich gegen seinen Willen durchgesetzt, dass er die Schlachterei lernt – ich wollte einen Nachfolger. Ich hatte ihm auch noch einen besonders strengen Lehrmeister vorgesetzt, und Hans Dieter war zwar gut, aber nicht besonders glücklich oder engagiert in seinem Beruf.

Anita, die Kleinste, hatte es am besten – sie durfte frei wählen, was meine beiden Großen mir verständlicherweise übel nahmen. Ich muss zugeben: Ich habe Anita bevorzugt, sie bekam alles, was sie sich wünschte. Erst wollte sie studieren, aber nach einem Jahr hatte sie keine Lust mehr, schmiss die ganze Sache hin und machte bei der Firma Falke ein Praktikum im ganzen Betrieb. Sie erklärte, sie wolle dort, wo es ihr am besten gefallen würde, eine Ausbildung beginnen, meinte aber später, die Firma wäre doch nicht das Richtige. Letztlich beschloss sie, in Bielefeld Betriebswirtschaft zu studieren. Als es so weit war, besorgte ich ihr über einen Freund in Bielefeld ein Zimmer und, nach ihrem vorsichtigen Hinweis, auch ein Auto. »Was möchtest du denn für eins?«

»Ach, 'ne Ente genügt mir.«

Kaum hatte ich sie mit ihrer neuen Ente verabschiedet, als sie auf ihrem Weg nach Bielefeld nach einer guten Stunde anrief. Es war glatt und sie hatte sich auf der Fahrt von Meschede nach Warstein runter überschlagen. Anita war zum Glück nichts passiert, aber das Auto war Schrott. Ich holte meine Tochter ab, fuhr sie nach Bielefeld, ließ die Ente abschleppen und kaufte eine neue. Anita schloss ihr Studium nach vier oder fünf Jahren mit sehr guten Noten ab und bekam auch sofort Arbeit.

Meine Frau Annie und ich lebten uns mit den Jahren auseinander. Ich war nie ein besonders treuer Ehemann gewesen, und 1976 – Anita war neunzehn Jahre alt –, hatte ich eine feste Freundin. Da stellte Annie mich vor die Alternative: »Entweder änderst du dich und gibst die Frau auf, oder ich lass mich scheiden. Ich gebe dir vierundzwanzig Stunden Bedenkzeit.«

»Warte, bleib stehen«, sagte ich, »die Antwort kann ich dir jetzt schon geben: Es bleibt so, wie es ist. Entweder gehst du mit mir den Kompromiss ein oder es gibt keinen.«

Daraufhin flatterte ein Brief von einem Arnsberger Rechtsanwalt auf meinen Schreibtisch: Ihre Frau hat die Scheidung eingereicht. Vor dem Scheidungsrichter stellte der Anwalt ihre Ansprüche klar und ich habe allem, was sie forderte, zugestimmt. In den ersten Monaten habe ich sie schrecklich vermisst, wäre sie da zurückgekommen, ich hätte mich mit ihr versöhnt, aber sie hatte wirklich genug von mir. Unser Verhältnis blieb sehr gespannt, bis unsere Kinder verheiratet waren und die ersten Enkelkinder kamen. Seitdem haben wir öfter Kontakt; wenn irgendetwas gebraucht wird, läutet bei mir das Telefon, und Annie ruft an: »Mach mal, hilf denen bitte.« Von meinen Enkelkindern erfuhr ich auch von Annies politischem Interesse – sie schaut jeden Film über den Nationalsozialismus im Fernsehen.

Anfang der achtziger Jahre ließ ich mir Kostenvoranschläge für einen Schlachthof nach EG-Richtlinien vorlegen, weil wir mit unserer Schlachterei aus dem Wohngebiet in der Obringhäuserstraße wegziehen mussten. Ich wollte die Sache mit meinem Sohn besprechen, aber der schaute nur auf die Zahlen – 2,5 Millionen DM Investition – und weigerte sich, das Risiko einzugehen. Erst war ich richtig sauer auf ihn, später habe ich eingesehen, dass er recht hatte. Also hörte ich auf zu schlachten, vergrößerte den Viehhandel ein bisschen und verkaufte einen Teil des Grundstücks. Meine Knochen wurden immer schlimmer, und ich fing an, mich um meine Rente zu kümmern.

An einem Winterabend – ich hatte mit Freunden oben beim Skilift in Schmallenberg gesessen, an dem ich Anfang der siebziger Jahre Aktienanteile erworben hatte, und so einiges gesüppelt – setzte ich mich ins Auto, um nach Hause zu fahren. Ich erwachte am nächsten Tag im Krankenhaus: Oberschenkeltrümmerbruch, Knie kaputt, Auto Totalschaden. Der Bruch wurde eine langwierige Sache. Bei meiner Entlassung aus dem Krankenhaus dachte ich darüber nach, warum ich mich eigentlich noch mit dem Viehhandel herumschlug. Am 30. Januar 1981 schloss ich den Laden und ging in Rente.

Wie alles wieder begann

Nachdem ich nicht mehr beruflich tätig war, bekam ich – wie man im Sauerland sagt – die »arme Dier«. Ich war unzufrieden, fühlte mich in Schmallenberg allein, sehnte mich nach anderen Juden und verbrachte viel Zeit auf dem jüdischen Friedhof, wo ich den Toten ungerechtfertigter Weise den Vorwurf machte, sie hätten mich allein gelassen. Ich gewöhnte mir an, freitagmittags nach Dortmund zu fahren, ein Hotelzimmer zu mieten, abends und am Samstag in die Synagoge zu gehen und zum Wochenanfang wieder nach Schmallenberg zurückzukehren.

Nach meiner Rückkehr aus Auschwitz hatte ich an Gott gezweifelt – ich war höchstens mal nach Hagen in die Synagoge gefahren, um Care-Pakete abzuholen. Lange Zeit konnte ich mich, nach dem, was ich gesehen hatte, nicht wieder hundertprozentig mit Gott vereinen. Wo war Gott in Auschwitz? Es gibt noch heute in der ganzen Welt keinen Rabbiner, der mir darauf eine zufriedenstellende Antwort gibt. Aber mit der Zeit wurde ich wieder ein bewusster, religiöser Jude. Die Wochenenden in Dortmund waren mir sehr wichtig.

In dieser Zeit kehrten auch die Träume zurück. Erinnerungen kamen hoch, die sich nicht mehr verdrängen ließen – meine Psyche fing an zu streiken. Mich quälte der Gedanke, warum gerade ich überlebt hatte. Ich warf mir und Ernst vor, warum gerade wir durchgehalten hatten, wo sechs Millionen sterben mussten. Waren wir korrupt gewesen? Wir hatten jeden Vorteil ausgenutzt, etwas zu Essen zu bekommen, hatten von der Unterstützung durch Emil Meier und Ede Besch profitiert. Ich hatte jeden Bissen mit meinem Bruder geteilt, hätten wir noch jemandem etwas abgeben können? Oder wären dann alle drei gestorben? Fragen und Vorwürfe drängten sich mir mit einer solchen Macht auf, dass ich mich ihnen nicht mehr entziehen konnte.

Ich kannte solche Gefühle aus der Zeit des Auschwitz-Prozesses oder nach der Fernsehausstrahlung des Films »Holocaust« Ende der siebziger Jahre, der mich sehr aufgewühlt hatte. Damals hatte ich meine Familie gebeten, sich die Sendungen anzuschauen, und ihnen hinterher versucht zu erklären, um wie vieles entsetzlicher die Realität gewesen war. Über meine persönlichen Erinnerungen konnte ich trotzdem nicht sprechen. In dieser Zeit hatte sich auch mal wieder kurzfristiges Interesse der Schmallenberger an meinem Schicksal geregt, bevor alles wieder im Schweigen versunken war. Doch nun fing ich an, mich intensiv mit dem Thema Auschwitz zu beschäftigen. Ich las jedes Buch, jeden Zeitungsartikel, jede Broschüre, die ich in die Finger bekam. Es wurde zu einer regelrechten Sucht. Nicht nur, weil ich unter Schlafstörungen litt, sondern auch, weil meine Beine immer schlimmer wurden, ging ich zu meiner Hausärztin, die mich an einen Arzt in Altenhundem überwies. Es wurden zwei Gutachten erstellt – eines zu meiner psychischen Verfassung und eines zu meinen Beinen.

Die Gutachten schickte ich mit einem Verschlimmerungsantrag nach Düsseldorf an die Landesrentenbehörde, wo sie von einer Ärztin beurteilt werden sollten. Ohne mich persönlich zu untersuchen – meine Beine liefen aufgrund von Durchblutungsstörungen schon schwarz an –, schickte sie einen Brief zurück, in dem sie mir eine zehnprozentige Rentenerhöhung zubilligte. Ich konnte es kaum fassen. Nachdem ich sie angerufen hatte, eskalierte unsere Auseinandersetzung dermaßen, dass ich drohte handgreiflich zu wurden. Wegen des arroganten und rücksichtslosen Auftretens dieser Ärztin wandte ich mich an den Zentralrat der Juden, und ich war nicht der erste Verfolgte, der sich über ihr Verhalten beschwerte. Als sie in einem schriftlichen Gutachten auch noch die Behauptung aufstellte, Zucker sei eine »jüdische Erbkrankheit«, schaltete sich der Zentralrat ein und sorgte dafür, dass sie vom Dienst suspendiert wurde. Sie kehrte später wieder auf ihren Arbeitsplatz zurück, durfte allerdings keine Gutachten mehr erstellen.

Ich wurde nach Hannover zu Professor Kisker verwiesen, der ein Generalgutachten erstellen sollte. Nach einer ausführlichen Untersuchung bat er um eine Unterredung. Am Schreibtisch sitzend, blätterte er in den Formularen mit meinen Daten: »Herr Frankenthal, Sie müssen viel Zeit mitgebracht haben.«

»Wieso? Ich nehme doch an, dass ich heute Nachmittag wieder zu Hause bin. Sie können meine Situation jetzt doch ganz schnell beurteilen.«

Aber zu meiner Überraschung erzählte er mir von einem Forschungsprojekt über Spätfolgen bei Überlebenden, an dem er mitarbeite. Ich sei der Erste, den er kennenlernte, der die Pogromnacht als Kind miterlebt habe. Deshalb bat er mich, für diese Forschungen über mein Leben zu berichten. Ich willigte ein – aber das erste Mal seit fast vierzig Jahren ausführlich über meine Jugend und die Zeit im Lager zu erzählen, das war sehr hart. Am Ende unserer Treffen wollte ich auch etwas von Professor Kisker wissen: »Ich habe Ihnen so viel erzählt, jetzt möchte ich noch eine Frage stellen. Wie kommt es, dass das Leid und die Probleme erst jetzt auf uns Überlebende zukommen, in diesem Alter? Und wie kommt es, dass wir dreißig Jahre ohne Probleme mit dieser ganzen Geschichte leben konnten?«

»Sie haben das genauso fertiggebracht, wie es die Täter geschafft haben. Sie haben das Erlebte verdrängt. So ist Ihnen die Geschichte hinterhergelaufen, und jetzt kommt sie wieder.«

Die Frage, ob die Täter sich mit sechzig oder siebzig Jahren genauso mit ihren Erinnerungen herumschlagen müssen wie die Überlebenden, die im Alter das ganze Leid noch einmal erfahren, hat mich lange beschäftigt.

Das Denkmal

Anfang der achtziger Jahre wurde ich, der einzige Jude in Schmallenberg, von der Stadtverwaltung zur Enthüllung eines Gedenksteins auf dem ehemaligen Platz der Synagoge eingeladen. Obwohl es niemand für nötig erachtet hatte, mich vorher zu informieren oder zu fragen, schrieb ich an die Stadt, ob es denn nicht wenigstens angebracht wäre, zu solch einem Anlass einen Rabbiner zu bestellen, der Gebete für die Toten sprechen konnte. Dagegen hatte man nichts, ich könne mich ja darum kümmern – also lud ich den Landesrabbiner von Westfalen-Lippe, Emil Davidovic, ein. Die Feier fand – wie im katholischen Sauerland üblich – an einem Sonntag nach dem Hochamt statt. Rund zweihundert Personen hatten sich in der Synagogenstraße eingefunden, als nach ein paar kurzen Reden der Gedenkstein enthüllt wurde.

Ich hatte vorher nicht gewusst, welche Inschrift darauf stand und glaubte meinen Augen nicht trauen zu können: »Hier stand die Synagoge der jüdischen Gemeinde von Schmallenberg von 1857 bis 1938.« Sonst nichts! Rabbiner Davidovic kritisierte in seiner folgenden Ansprache, dass die Inschrift nichts über die gewaltsame Zerstörung der Synagoge aussage und gab zu bedenken, viele Jugendliche könnten sich heute unter der Jahreszahl 1938 nichts mehr vorstellen. Es sei doch das Mindeste, die Täter zu benennen. Es war für die Stadt Schmallenberg eine eher peinliche Gedenkveranstaltung.

Das lange Schweigen des Amtsinspektors

Bei den Auseinandersetzungen um die Rückübertragung der ehemaligen jüdischen Häuser und Vermögen in Schmallenberg hatten wir Franz Holthaus, den früheren Amtsinspektor, immer wieder gefragt, ob es denn keine Unterlagen über die Zeit nach 1933 in Schmallenberg gebe. Er hatte dies stets geleugnet. Obwohl er sich unter den Nazis jüdisches Eigentum angeeignet hatte, genoss er in Schmallenberg einen ganz guten Ruf. Er behauptete immer, dass er auch etwas zum Schutz der Juden getan habe, und bei Gedenkveranstaltungen, wie der Enthüllung des Steins am Platz der Synagoge, drängte er sich weit in den Vordergrund. Wir glaubten ihm fast – vielleicht hatte er wirklich auch etwas für die Juden in Schmallenberg getan –, bis ein Ereignis seine Vergangenheit in ein neues Licht rückte.

Mitte der achtziger Jahre begann Helga Tröster aus Fredeburg, damals Studentin, mit Untersuchungen über das Leben der Schmallenberger Juden und erhielt in diesem Zusammenhang von der Stadtverwaltung eine Akte mit Zeugnissen jüdischen Lebens vom Ende des 17. Jahrhunderts bis 1933. Nachdem sie diese durchgearbeitet und in anderen Archiven weiter geforscht hatte, wandte sie sich erneut an die Stadt: Ihrer Meinung nach müsse es auch Unterlagen über die Zeit nach 1933 geben. Holthaus leugnete die Existenz von Dokumenten so lange, bis Helga Tröster die Geduld verlor und mit einer Klage drohte. Da tauchte plötzlich doch noch etwas auf: die »Special-Akten des Amtes Schmallenberg betreffend jüdische Kulturangelegenheiten, Juden« von 1933 bis 1943.

Ich interessierte mich natürlich sehr für den Fund. Als Helga Tröster mir erklärte, sie dürfe die Unterlagen leider nicht weitergeben, ging ich direkt zur Stadt, zu Amtsinspektor Weber, und forderte: »Reinhold, ich will die Akte sehen.« Er zögerte und berief sich auf den Datenschutz, aber ich entgegnete ihm: »Dies betrifft alles mich, mich persönlich, da gibt es keinen Datenschutz, gib mir die Akte!«

Widerstrebend suchte er daraufhin die Akte heraus. »Du kannst dich in das Zimmer dort setzen und sie durchblättern. Von den für dich wichtigen Dokumenten werde ich dir Kopien machen.« Da saß ich nun mit der Akte und fand sämtliche Erlasse, Befehle, Verfügungen, Gesetze, Arisierungsunterlagen, Haftbefehle gegen uns Juden, vom Regierungspräsidenten in Arnsberg, der Gestapo Dortmund oder der Stadt Schmallenberg unterzeichnet. Amtsinspektor Franz Holthaus hatte all diese Schriftstücke auf seinem Schreibtisch gehabt, etliche waren von ihm selbst unterzeichnet worden. Er hatte sich nicht nur bereichert, er hatte im November 1938 die gesamte »Judenaktion« in Schmallenberg geleitet.

Nach kurzem Durchblättern klopfte ich an die Tür: »Reinhold, lass mich raus. Mich interessiert nicht nur ein Teil, mich interessiert die komplette Akte.« Nachdem er Rücksprache mit seinen Vorgesetzten gehalten hatte, konnte ich eine Kopie der Akte bekommen, musste mich aber schriftlich verpflichten, die Unterlagen nur für meinen eigenen Bedarf zu nutzen und nicht der Öffentlichkeit preiszugeben. Ich unterschrieb mit Leichtigkeit – und habe mich natürlich nicht daran gehalten.

Beim genauen Studium der Akten fiel mir eine »Judenliste« auf, in der zweimal der Name Selma Sara Frankenthal auftauchte. Das war für mich erst unerklärlich, weil ich nur eine Jüdin in Schmallenberg mit diesem Namen kannte: Die Frau von Onkel Julius hieß Selma Frankenthal. Ich grübelte lange, bis mir auffiel, dass Selma Friedrich, geborene Frankenthal, die Schwester meines Vaters, gemeint war. Jemand, wahrscheinlich Holthaus, hatte sie mit ihrem Geburtsnamen als »Volljüdin« auf die Liste gesetzt, obwohl sie mit dem »Arier« Karl Friedrich verheiratet war und zwei »halbarische« Söhne hatte. Normalerweise wäre Tante Selma als »Geltungsjüdin« oder »privilegierte Jüdin« bis Ende 1944 nicht verfolgt worden, aber aufgrund dieser Liste musste sie den gelben Stern tragen und wurde schon beim ersten Transport 1942 von Dortmund nach Theresienstadt deportiert. Außer ihr überlebte von diesem Transport mit Schmallenberger und Dortmunder Juden kein einziger. Vermutlich wurde sie nur deshalb nicht von Theresienstadt nach Auschwitz verschleppt, weil sie ihre »arischen« Familienverhältnisse angegeben hatte. Wäre Tante Selma gestorben, hätte man Holthaus wegen Beihilfe zum Mord anklagen können – und das hätte ich auch liebend gerne getan. Wütend rief ich bei Holthaus an und zitierte aus einigen Verfügungen und Erlassen, die von ihm unterschrieben worden waren.

»Und du hast bis zum heutigen Tage immer behauptet, ›Mit Judengeschichten haben wir nichts zu tun gehabt‹.« Seine Frau Hildegard bemerkte anscheinend, wie aggressiv ich war und kam ans Telefon: »Hans, was ist denn eigentlich los?«

»Hildegard, dein Mann war eine Drecksau!« Ich erzählte ihr alles, was ich wusste, und fügte hinzu, ich könne mir nicht vorstellen, dass sie als Ehefrau nichts von alldem gewusst habe. Sie solle bloß ruhig sein, polterte ich weiter, denn in ihrem Haus seien immer noch Sachen aus jüdischem Besitz – das hatten mir Schmallenberger erzählt, mit denen ich inzwischen über die Akte und die Rolle von Holthaus gesprochen hatte. In meiner Wut warf ich dies jetzt Hildegard Holthaus vor, die auch noch ganz unschuldig fragte: »Wieso das denn?«

»Bei euch steht eine Truhe von Onkel Sally, eine sehr wertvolle alte Truhe, und noch einiges mehr. Wie ihr an die Sachen gekommen seid, weiß ich nicht, auf jeden Fall sind sie bei euch und ich will sie zurück haben.«

»Über diese Sachen habe ich ein Schreiben, das werde ich jetzt holen und dir vorlesen.«

Sinngemäß stand in diesem Schreiben: Ich, Sally Frankenthal, übergebe hiermit Frau Holthaus – Franz Holthaus konnte sich das wohl als Parteigenosse nicht erlauben – die und die Sachen zur Verwahrung mit der Auflage, sie bei der Rückkehr eines meiner Familienmitglieder sofort wieder auszuhändigen.

»Ist ein Neffe nicht nah genug an der Familie?«, fragte ich sie. »Außerdem besitzen wir einen Erbschein für den Besitz von Sally Frankenthal. Ich will, dass diese Truhe innerhalb von vierundzwanzig Stunden hier in mein Haus gebracht wird.«

Sie bat, ich solle ihr doch einen Gefallen tun und ihr die Truhe noch vier Wochen lassen. Sie wolle versuchen, irgendwo eine ähnliche zu kaufen, damit sie sich vor den Leuten, die danach fragen würden, nicht schämen müsse.

»Du hast unheimliches Glück«, entgegnete ich. »Ich fahre morgen in Kur und komme in vier Wochen zurück. Wenn ich wieder da bin, will ich einen Tag später alle Sachen, die ihr noch von Frankenthals in Besitz habt.«

Bei meinem nächsten Anruf nach meiner Rückkehr wollte sie die Sache wieder verzögern, aber da war meine Geduld zu Ende: »Nicht mehr eine Stunde, jetzt sofort!«

»Wie soll ich die Sachen denn rüber kriegen?«

»Du hast in deiner Nachbarschaft das Möbelhaus, die haben genug Möbelwagen und Leute zum Aufladen.«

Sie sah wohl ein, dass ich nicht mit mir spaßen ließ, und stimmte zu. Ich rief sofort alle ihre Nachbarn an: »Ihr legt euch doch so gerne in die Fenster, in der nächsten Stunde tut sich etwas Interessantes bei euch in der Nachbarschaft.«

»Was denn?«

»Ihr werdet es schon sehen.«

Das war für mich eine große Genugtuung, dass die Nachbarn Zeugen wurden, wie aus diesem Haus nach gut vierzig Jahren noch Sachen von Schmallenberger Juden herausgetragen wurden. Franz Holthaus selbst hat nie auf die Vorwürfe reagiert. Später versuchten mehrmals

Journalisten, ihn herauszuklingeln und zu fragen, was er über die »Judenaktionen« sagen könne. Er schlug sofort die Tür wieder zu. Kurz bevor Holthaus in Pension ging, erfuhr ich von einer noch vorher geplanten Beförderung. Wie üblich saß ich mit Bürgermeister Falke am Wochenende zusammen am Stammtisch, als ich lauthals in die Runde fragte: »Seid ihr denn ganz ohne Gefühle? Der Mann hat so viele Verbrechen begangen und Dreck am Stecken, und ihr geht hin und befördert ihn vier Wochen bevor er in Pension geht, damit er noch mehr Geld kriegt, als ihm jetzt schon zusteht?«

Da gab mir der Bürgermeister doch tatsächlich zur Antwort: »Hans, das haben wir nicht gewusst.«

»Du bist jetzt zwanzig Jahre Bürgermeister«, schimpfte ich, »da hättest du doch wenigstens einmal hergehen können und fragen, ob es wirklich keine ›Judenakte‹ in Schmallenberg gibt!«

Die Broschüre

Ich machte sehr viel Gebrauch von dem, was ich durch die Akte erfahren hatte. Ein Großteil der Verwaltungsvorgänge zwischen Berlin, der Gestapo Dortmund und den unteren Behörden in Schmallenberg ließ sich den Unterlagen entnehmen. Ich glaubte keinem mehr, der nach 1945 weiter in den Verwaltungen gesessen hat und behauptet, von nichts gewusst zu haben. Ich kopierte einige Dokumente und schickte sie Leuten mit dem Vermerk ins Haus: »Ich habe nichts gewusst, ich habe nichts getan und bin ein braver Mensch.« Und plötzlich gaben viele zu, dass sie doch das meiste gewusst oder zumindest geahnt hätten. Die Stadt reagierte allerdings wieder einmal überhaupt nicht.

Als Helga Tröster mir und einigen anderen Schmallenbergern ihre fertiggestellte Arbeit zeigte, hatte der Lehrer Josef Wiegel die Idee, sie als Broschüre zu veröffentlichen. Er wandte sich an die Stadt und den örtlichen Schützenverein, der alljährlich die Schmallenberger Heimatblätter herausgab. Die Schmallenberger Honoratioren unterstützten anfänglich begeistert das Vorhaben, aber nachdem sie die Arbeit genauer gelesen hatten, klingelte bei Wiegel dauernd das Telefon. Er teilte mir mit, dass die Arbeit nur gedruckt werde, wenn einige Passagen gestrichen würden.

»Ich habe das Buch nicht geschrieben«, antwortete ich ihm. »Wenn es nach mir ginge, ich würde nichts ändern.«

Helga Tröster war der gleichen Meinung. Die Einleitung des Buches wurde dann aber doch gestrichen, weil sie dort einen allgemein geachteten Heimatforscher, Frenn Wiethoff, zitiert hatte, der sich in den dreißiger Jahren über Juden und »Rassen« geäußert hatte. Er war zwar bereits im Krieg gefallen, aber die Stadt wollte die Nennung seines Namens verhindern, da man ihn sonst nicht mehr so ohne Weiteres veröffentlichen könnte. Das war aber noch nicht alles. Wiegel rief mich noch einmal an und betonte, dass die Käufer der jüdischen Häuser nicht namentlich angegeben werden könnten.

»Na, und warum nicht?«, fragte ich ihn. »Es gibt doch wohl kaum einen in Schmallenberg, der das nicht weiß.«

»Ja, es sind aber Mitglieder des Schützenvereins dabei, die auch heute noch Mitglieder sind.«

»Gerade die müssen erwähnt werden!«

»Ja, aber einer wäre zum Beispiel der Sohn des SA-Führers Tigges.«

»Tja, für den Jungen tut's mir leid, weil der wirklich ein anständiger Mensch ist, aber nicht für den Vater. Die Käufer werden benannt, das ist meine Meinung.«

Nach ein paar Tagen klingelte das Telefon wieder: »Hans, ich hab noch ein Friedensangebot zu machen.«

»Dafür bin ich immer zu haben.«

»Was hältst du davon, wenn wir die Namen der Käufer schwärzen?«

Wie aus der Pistole geschossen habe ich zugestimmt und direkt, nachdem er aufgelegt hatte, Helga Tröster angerufen und sie gebeten, ebenfalls zuzustimmen. Ich erklärte ihr auch den Grund: »Diejenigen, die die Broschüre ganz normal lesen, übersehen die Sache mit den Verkäufen und machen sich keine Gedanken. Wenn jetzt aber dort steht:

Haus von Max Frankenthal bekommt – schwarz –, Haus von Sally Frankenthal und die darin befindliche Metzgerei von Emil Frankenthal bekommt – schwarz –, Haus von Max und Emil Stern bekommt – schwarz! Diejenigen, die es nicht wissen, fangen jetzt an zu fragen. Also sei so gut und sag ja.«

Helga Tröster stimmte zu, und die Broschüre ging in Druck. Kaum war sie erschienen, wurden die Telefondrähte überhaupt nicht mehr kalt – es gab einen richtigen Aufruhr. Ich bekam empörte Anrufe: Ich habe das mit Absicht getan und genau gewusst, was die Schwärzungen bewirken würden. Ich konnte ihnen nur schmunzelnd zustimmen.

Der Umzug nach Dortmund

Immer noch fuhr ich jedes Wochenende zwischen Schmallenberg und Dortmund hin und her. Eines Tages nach dem Gottesdienst nahm mich Wolfgang Pollak von der Jüdischen Gemeinde zur Seite und forderte mich auf, in sein Auto zu steigen. Wir fuhren zu einer Wohnung in der Ruhrallee, deren Mieterin zwei Wochen zuvor verstorben war. Ich willigte sofort ein, den Mietvertrag zu übernehmen – in dem Glauben, dort meine Wochenenden zu verbringen. Eine Zeit lang fuhr ich auch noch über die Woche nach Schmallenberg zurück, aber dann zog ich mit meinen Möbeln endgültig nach Dortmund um. Als ersten Wohnsitz behielt ich allerdings meine Schmallenberger Adresse. Darauf angesprochen, warum ich immer noch mit einer Hochsauerlandnummer am Auto herumfahren würde, antwortete ich: »Ich möchte nicht am Ortseingang von Schmallenberg ein großes Plakat sehen.«

»Was für ein Plakat?«

»›Schmallenberg ist judenrein!‹ Solange ich lebe, werde ich euch diesen Gefallen nicht tun.«

Seit 1986 kümmerte ich mich mehr um die Jüdische Gemeinde. Im Rahmen der Christlich-Jüdischen Gesellschaft beschäftigte ich mich mit der Geschichte der Judenverfolgungen unter dem Nationalsozialismus, besonders in Dortmund. Von den Juden, die in dieser Stadt vor 1933 gelebt hatten, waren keine zurückgekehrt, die in den dreißiger Jahren alt genug gewesen waren, um sich jetzt noch erinnern zu können. 1988 sprach mich der Landesverband an, ob ich nicht Interesse habe, mich um die jüdischen Friedhöfe im Regierungsbezirk Arnsberg zu kümmern.

Ich übernahm diese Aufgabe und ein Jahr später die Verantwortung für alle 240 verwaisten jüdischen Friedhöfe in Westfalen. Ich besuchte sie und wandte mich, wenn sie nicht in Ordnung waren – und das war meistens so – an die städtischen Behörden, um für eine angemessene Instandhaltung zu sorgen. Nach einem Jahr fuhr ich zur Kontrolle noch einmal vorbei. Da gab es Sachen! Marsberg zum Beispiel hatte fünf jüdische Friedhöfe, einer in Ordnung und vier völlig verwahrlost. Ich reichte Beschwerde ein, wartete die Jahresfrist ab und musste dann feststellen, dass sich nichts verändert hatte. Als ich den Oberstadtdirektor nach etlichen Versuchen endlich am Telefon hatte, teilte er mir mit: »Wir in Marsberg haben schließlich fünf Judenfriedhöfe zu pflegen.«

»Erstens heißt das jüdische Friedhöfe, und zweitens erhalten Sie für die Pflege von fünf Friedhöfen auch die entsprechenden Mittel zugewiesen.« Als dieser Mann in Arnsberg Regierungspräsident werden wollte, habe ich ihm einen Strich durch die Rechnung gemacht.

Die Betreuung der Friedhöfe nahm viel Zeit in Anspruch. Nachdem ich dann auch noch in den Vorstand der Jüdischen Gemeinde in Hagen gewählt wurde und den Posten als zweiter Vorsitzender des Landesverbandes übernommen habe, fiel es mir zunehmend schwerer, alles zu bewältigen. Nebenbei besuchte ich ein oder zwei Mal die Woche Schulen und diskutierte mit Jugendlichen. Angefangen hatte dies mit einer Einladung zu einem Lehrerseminar, in dem man mich aufforderte, über meine Verfolgungsgeschichte zu berichten. Danach wurde ich sozusagen weiterempfohlen und sprach nun regelmäßig öffentlich über mein Leben.

Als ich einmal vor Lehrern und Schulleitern aus dem Sauerland von Franz Holthaus sprach, kam in einer Pause ein Lehrer zu mir und sagte:

Hans Frankenthal vor einer Schulklasse
Privatarchiv Hans Frankenthal, Jüdisches Museum Berlin

»Sie erwähnen immer den Holthaus in Schmallenberg. Unser Schulleiter heißt zufällig auch Holthaus und kommt aus Schmallenberg.«

Wenn sein Vorname Uli sei, könnte es der Sohn von Franz Holthaus sein, erwiderte ich und bejahte seine Frage, ob er meine Berichte weitergeben dürfe. Einige Zeit später rief Uli Holthaus bei mir an und beschuldigte mich, ich würde Schlimmes über seinen Vater erzählen. Meine Geschichten seien jetzt schon bis in seine Schule vorgedrungen, er würde sich dies verbitten. Ich sagte ihm, alles, was ich über seinen Vater erzählen würde, sei aktenkundig und bei mir oder im Amtshaus in Schmallenberg einsehbar.

»Das kann doch gar nicht möglich sein«, empörte er sich, »mein Vater war doch sogar ein Antifaschist. Bei seiner Versetzung nach Olpe hat ihm sein damaliger Vorgesetzter, das habe ich damals zufällig auf dem Schreibtisch meines Vaters liegen sehen, eine Bescheinigung ausgestellt, dass er ein Gegner des Nationalsozialismus gewesen sei.«

Franz Holthaus hatte sich also von seinem Vorgesetzten einen *Persilschein*[16] schreiben lassen. Ich klärte seinen Sohn darüber auf, dass dies eine Lüge sei. Er solle ruhig nach Schmallenberg kommen und sich davon überzeugen, was sein Vater alles verbrochen hatte. Wenn ich an Schulen Vorträge hielt, appellierte ich am Ende an die Jugendlichen: »Sorgt dafür, dass das, was uns widerfahren ist, was in Deutschland passiert ist, nie wieder vorkommt.« War noch ein Nachgespräch geplant, dann fügte ich noch hinzu: »Sprecht mit euren Großeltern über das, was ihr von mir erfahren habt. Fragt sie, was sie wussten und was sie getan haben.«

Die Eltern und Großeltern erzählten den Kindern meistens nur von ihrer Flucht aus dem Osten, der Flucht vor den »Sowjets«. Sobald die Jugendlichen nicht locker ließen, bekamen sie heftige Reaktionen. Eine Schülerin erzählte, dass sie von ihrem Großvater zu hören bekommen hatte: »Wenn du jetzt nicht aufhörst, mich in diese Richtung zu befragen, werde ich dich enterben.« Und ein anderes Mädchen berichtete, ihr Großvater sei nach ihren Fragen mit der Schnapsflasche in den Hühnerstall gegangen, um sich zu betrinken. Für mich sind das Zeichen für Wissen oder sogar für eine eigene Beteiligung. Viele Deutsche, die ich traf, stellten sich ihrer Vergangenheit erst überhaupt nicht – es war wohl einfacher, sie zu verdrängen.

Ich führte einmal in Dortmund eine Gruppe älterer Personen durch die Anne-Frank-Ausstellung, weil ich von der Kirchengemeinde darum gebeten worden war. Als wir vor den Fotos mit den Plakaten »Deutsche, wehrt euch, kauft nicht bei Juden!« standen, machte ich sie darauf aufmerksam: »Das müssten Sie doch noch persönlich kennen. Ich möchte Ihnen eine Frage stellen: Welcher Jude in Deutschland hat jemals einen ›Arier‹ gezwungen, in einem jüdischen Geschäft zu kaufen?«

16 Der Begriff steht für Gefälligkeitsbescheinigungen, mit denen Deutsche sich gegenseitig einen positiven Leumund verschafften, um den Anforderungen der Entnazifizierung zu genügen. Abgeleitet von dem Markennamen des bekannten Waschmittels Persil besagte der Ausdruck Persilschein, dass die betroffene Person vom Vorwurf einer nationalsozialistischen Gesinnung und Tätigkeit »reingewaschen« wurde.

Die Hälfte der ungefähr fünfzigköpfigen Gruppe verließ sofort die Ausstellung, was für mich einem Schuldbekenntnis gleichkam. Sie brauchten sich nicht bei mir zu entschuldigen, sie waren verschwunden. Der Pastor sagte mir später: »Jetzt kann man mal sehen, wie die Tätergeneration reagiert, wenn man sie drauf anspricht.« Manchmal erhielt ich sogar Drohbriefe. Ich unterscheide verschiedene Generationen: einmal die Tätergeneration – und damit meine ich auch die, die zugeguckt haben – und dann die nachgeborene Generation, die nach dem Krieg hätte fragen müssen, was gewesen ist. Es hat zwar 1968 ein kleines Aufmucken gegeben, aber das war in Wirklichkeit viel zu wenig. Heute treffe ich in den Schulen die dritte Generation, die endlich etwas wissen will.

Ein unverhofftes Wiedersehen

Mitte der achtziger Jahre las ich in der »Allgemeinen Jüdischen Wochenzeitung« eine Einladung zur Gründung eines Auschwitz-Komitees in Hamburg. Ich fuhr hin und wurde prompt zum zweiten Vorsitzenden gewählt. Seitdem engagierte ich mich in diesem Komitee, das sich um das Vermächtnis von Auschwitz bemüht. Es war im Sommer 1986, als ich von einer Vorstandssitzung in Hamburg mit dem Zug zurück nach Dortmund fuhr. In meinem Abteil saß eine ziemlich verschüchterte Frau, von der ich annahm, dass sie aus der DDR sei. Als der Schaffner die Fahrkarten kontrollierte, stellte sich heraus, dass sie den IC-Zuschlag nicht bezahlt hatte. Sie war ganz verschreckt und ich half ihr mit ein bisschen Geld aus.

So kamen wir ins Gespräch. Als sie erzählte, sie käme aus Hagenow bei Ludwigslust in der DDR, kam mir eine Idee. »Passen Sie auf, ich habe einen Freund in Ludwigslust, den ich gerne einmal besuchen würde. Könnten Sie etwas über ihn in Erfahrung bringen?« Ich zog ein Bild aus meiner Brieftasche, das ich immer bei mir trug. Sie schaute sich den Mann auf dem Foto – Ede Besch – genau an und versprach, sich bei mir zu melden.

Ich hatte das letzte Mal direkt nach dem Krieg von Ede gehört, als sich sein Vater bei uns meldete, um uns um Hilfe zu bitten. Ede war in der Sowjetischen Besatzungszone verhaftet worden, weil jemand ihn denunziert hatte, er habe in Monowitz Häftlinge geschlagen. Ede konnte gut brüllen, aber wir hatten ihn nie bei Handgreiflichkeiten gesehen, also setzten Ernst und ich eine eidesstattliche Erklärung auf, die wir seinem Vater schickten und aufgrund deren Ede dann auch entlassen wurde. 1947 schickte ich Ede noch mein Hochzeitsfoto, seitdem hatte ich nichts mehr von ihm gehört.

Die gute Frau aus Hagenow meldete sich wenige Tage später telefonisch bei mir. Sie arbeitete beim Kulturamt, aus dem sie auch anrief: »Ich habe Ede Besch gefunden! Im Telefonbuch, er hat sogar Telefon ...«

»Was heißt das: Er hat sogar Telefon?«, fragte ich verwundert.

»Das muss ein prominenter Politiker oder ein SED-Mann sein, sonst hätte er kein eigenes Telefon«, erklärte sie mir geduldig.

Ich hatte nicht viel Ahnung von der DDR. Ich bat sie um eine Einladung, damit ich einreisen konnte. Sobald die angekommen war, setzte ich mich ins Auto, fuhr nach Ludwigslust und klingelte am Gartentörchen der Adresse von Ede. Eine Frau riss die Tür auf, rief »Hans!« und stürzte auf mich zu. Ich hatte diese Frau noch nie im Leben gesehen. Nachdem sie mich umarmt hatte, stellte sie sich als Luise Besch, die Frau von Ede, vor. Als ich verblüfft fragte, woher sie mich kennen würde, holte sie mein Hochzeitsbild aus dem Wohnzimmer. Ede habe oft über mich gesprochen.

Natürlich wollte ich Ede persönlich sehen, aber von Luise kam ein zögerndes Abwehren. Auf mein Drängen hin ließ sie schließlich die Katze aus dem Sack: Ede war Polizeipräsident von Schwerin! Es sei nicht so einfach, sich in einer solchen Position mit einem Westler zu treffen, aber sie würde ihm Bescheid sagen, ich solle einfach am nächsten Tag nach Feierabend wiederkommen. Ede könne es sich ja überlegen, ob er dann zu Hause sei.

Am nächsten Abend, ich stand wieder nervös vor dem Törchen, lief Ede durch den Garten auf mich zu. Wir lagen uns lange in den Armen und verbrachten die halbe Nacht mit dem Austausch unserer Erlebnisse seit unserer Trennung in Nordhausen. Der Abschied voneinander fiel uns schwer, aber ich besuchte ihn in den nächsten Jahren noch öfter. Besonders gerne haben wir über Politik gestritten. Ich machte Ede Vorhaltungen, warum er die Mauer verteidige, und er widersprach: »Wenn wir das nicht gemacht hätten, dann hättet ihr unser Land ausgenommen.« Ich wollte das einfach nicht begreifen – erst nach der Wende habe ich den Sinn seiner Worte verstanden. Aber da war Ede schon tot. Eines Nachmittags hatte Luise mich angerufen: Ede habe einen Unfall gehabt. Eine Rippe hatte sich in die Lunge gebohrt und Ede starb nach zwei Tagen im Krankenhaus – noch bevor es mir gelang, eine Einreiseerlaubnis zu bekommen. Luise zeigte mir bei meinen späteren Besuchen oft das Bild seiner Beerdigung.

Besuch in Auschwitz

Im Mai 1988 kehrte ich an den Ort zurück, von dem ich mir geschworen hatte, ihn nie wieder zu betreten. Die Vereinigung der Verfolgten des Naziregimes wollte ein Treffen von Ex-Häftlingen aus verschiedenen Ländern in Auschwitz veranstalten und drängte mich, auch zu kommen. Sie mussten lange auf mich einreden, bevor ich mich letztlich entschließen konnte.

Und es wurde ein sehr schwerer Weg für mich. Schon in der Gedenkstätte, noch bevor ich das Lager betreten hatte, brach ich fast zusammen. Ich wollte weg. Die anderen spürten, was in mir vorging, und ließen mich erst einmal in Ruhe. Beim Gang durch das Stammlager Auschwitz I, wo ich selbst nie gewesen war, ging es noch ganz gut. Ich schaute mir die Länderausstellungen in den einzelnen Blöcken an, konnte sogar einige Kommentare abgeben. Aber sobald wir am nächsten

Hans Frankenthal am Eingang des Stammlagers Auschwitz I
Privatarchiv Hans Frankenthal, Jüdisches Museum Berlin

Tag Auschwitz II – Birkenau betraten, brach ich immer wieder in Tränen aus. Ich konnte den Anblick der Gaskammern und Krematorien, in denen meine Eltern und viele andere Angehörige ermordet worden waren, kaum ertragen. Trotzdem habe ich diese Reise später nie bereut. Zu einigen Jugendlichen aus Hamburg, mit denen ich zusammen gefahren bin, habe ich heute noch Kontakt.

Während meines Aufenthalts versuchte ich vergeblich, Jan Krupka ausfindig zu machen, aber außer einer Telefonbucheintragung – unter deren Nummer sich niemand meldete – habe ich nichts mehr über ihn in Erfahrung bringen können.

Ein Jahr später fuhr ich nochmals nach Polen. Bei diesem zweiten Besuch der Gedenkstätte ärgerte ich mich sehr über die vielen christlichen Symbole. Ich konnte mich einfach nicht damit abfinden, dass in Birkenau mehr Kreuze als Davidsterne zu finden waren. Die Kreuze waren von der polnischen Museumsleitung aufgestellt worden, und erst israelische und amerikanische Jugendliche errichteten die ersten Davidsterne.

Zusammen mit Jugendlichen aus dem Auschwitz-Komitee fuhr ich auch nach Monowitz. Der Umfang des Lagers ist noch genau zu erkennen, Reste von Baracken, dem Luftschutzbunker der SS und die Trümmer des früheren Eingangstores sind noch vorhanden. Eine kleine Gedenktafel in englischer Sprache erinnert an die 30 000 zu Tode gequälten »Antifaschisten«! Kein Wort darüber, dass ein großer Teil der Häftlinge Juden waren!

Als wir beim Werk herumliefen, trafen wir drei alte Männer, die in Monowitz lebten. Wir kamen ins Gespräch und erfuhren unter anderem, dass die I. G. Farben die polnische Bevölkerung, die beim Bau des Buna-Werks aus Monowitz vertrieben oder als Zwangsarbeiter ins »Reich« verschleppt worden war, nie entschädigt hatte. Im Westen hatte die I. G. Farben nach langen Auseinandersetzungen einem Vergleich zustimmen müssen: Wer länger als sechs Monate Häftling im Buna-Werk in Monowitz war, hat Anspruch auf 5000 DM. Noch heute versuchen die *Kritischen Aktionäre*[17] der I. G. Farben – ich bin einer von ihnen – bei den alljährlichen Versammlungen die Auseinandersetzung mit dem Thema Entschädigung durchzusetzen, denn nach wie vor haben die ehemaligen Zwangsarbeiter und Häftlinge, die in Osteuropa leben, keinerlei Entschädigungen erhalten oder rechtliche Ansprüche darauf geltend machen können.

Wenn ich mich bei diesen Versammlungen zu Wort meldete, ging es immer hoch her. Die »unkritischen« Aktionäre wollten von dem ganzen Thema nichts hören, sie brüllten: »Aufhören!«, »Kennen wir schon!«, »Jetzt reicht's! Wir haben auch gelitten!« oder »Wann kriegen wir das Werk in Auschwitz wieder?!« Einmal haben sie mir sogar das Mikrophon abgestellt, aber das nützte bei meinem lauten Organ wenig.

17 Diese Gruppen von Aktieneigentümern setzen sich für eine demokratische Reform der Geschäftspolitik von Großkonzernen und Banken ein. Sie nutzen das Rede- und Antragsrechts auf den jährlichen Hauptversammlungen, flankiert durch öffentliche Informationskampagnen.

Der Prozess in Siegen

1987 fand in Siegen der Prozess gegen den Berleburger Ernst August König statt. Er wurde beschuldigt, im sogenannten Zigeunerlager in Birkenau Verbrechen begangen zu haben. Ich besuchte den Prozess, um dem Hamburger Auschwitz-Komitee darüber zu berichten. Die Juden im Sauerland hatten zu den Sinti und Roma immer guten Kontakt gehabt. Als Kind begegnete ich oft den Korbflechtern, die den Metzgern die Körbe flickten, und an der großen Zigeunersiedlung in der Nähe von Berleburg war ich auf dem Weg zu meinen Bar Mizwah-Vorbereitungen bei Lehrer Stern oft vorbeigeradelt.

Sinti und Roma waren zwar normale Berleburger Bürger gewesen, aber es hatte auch viele Vorurteile ihnen gegenüber gegeben. Wenn sie in die Stadt kamen, um ihre Sachen zu verkaufen oder hausieren zu gehen, hieß es: »Leute, holt die Wäsche rein. Die Zigeuner sind da!« Obwohl ich nie erlebt habe, dass etwas gestohlen wurde, waren diese Anfeindungen genauso festgefügt wie die antisemitischen Vorurteile gegen uns Juden. Vielleicht verstanden wir uns deshalb so gut.

Im Februar 1943 wurden die ungefähr 20 000 Sinti und Roma aus dem deutschen Reichsgebiet nach Auschwitz-Birkenau deportiert, wo sie im »Zigeunerfamilienlager« gefangen gehalten wurden. Die meisten gingen qualvoll zugrunde, bevor die Deutschen im August 1944 die knapp 3000 noch Lebenden in den Gaskammern ermordeten. Ernst August König war SS-Blockführer im Zigeunerlager in Birkenau gewesen.

An einem der Prozesstage wurde ein Entlastungszeuge aufgerufen: ein ehemaliger SS-Mann namens Kühnemann. Als er den Verhandlungssaal betrat, stutzte ich. Seine Bewegungen kamen mir bekannt vor, trotzdem wusste ich erst in dem Augenblick, als er zu sprechen anfing, wer er war. Aufgeregt ging ich in der Pause zum Staatsanwalt und erzählte ihm, dass dieser Mann im März 1943 auf der Rampe von Birkenau das Kind von Max Rosenstein an einem Mast erschlagen hatte.

Wir Häftlinge kannten die SS-Leute – außer diejenigen in den höheren Rängen – nicht beim Namen, wir wussten nur, dass der Mörder »Graf« gerufen wurde. Er hatte uns im Lager im Geist immer verfolgt: Als Max Rosenstein in Monowitz in der Küche arbeitete, und ich manchmal nach Birkenau geschickt wurde, hatte er mich immer wieder gefragt, ob ich »Graf« gesehen habe. Als der Staatsanwalt den Zeugen am Nachmittag nach seinem Spitznamen in Auschwitz fragte, antwortete dieser: »Graf«.

Ernst August König wurde zu lebenslangem Zuchthaus verurteilt und erhängte sich ein halbes Jahr später im Gefängnis. Gegen Kühnemann wurde ein Ermittlungsverfahren eingeleitet und später auch Anklage erhoben. Obwohl viele Belastungszeugen gegen ihn aussagten, wurde das Verfahren nach fast zweijähriger Verhandlung in Duisburg 1995 wegen angeblicher Verhandlungsunfähigkeit Kühnemanns eingestellt.

Noch ein Anlauf für ein Denkmal

Die Stadt Schmallenberg wollte die Blamage mit dem Synagogengedenkstein ausbügeln und bildete 1987 einen Ausschuss, der neue Vorschläge erarbeiten sollte. Es hieß, sie wollten den sechsunddreißig nicht zurückgekehrten Schmallenberger Bürgern eine Gedenktafel setzen.

Wieder hatten sie mich bei der Planung übergangen. Ich erfuhr von dem Vorhaben erst über den Landesverband, der mich anrief und aufforderte, ich solle mich doch vor Ort um die Sache kümmern. Ich fragte die Initiatoren: »Was habt ihr denn vor, und an welchem Ort?« Als sie den jüdischen Friedhof vorschlugen, protestierte ich: »Das geht unter keinen Umständen, denn da habe ich schon für meine Eltern einen Stein hinsetzen lassen, mit dem Zusatz: ›und 36 Schmallenberger Juden, die nicht zurückkamen‹.« Ähnliches hatten auch andere Verwandte von jüdischen Familien gemacht, weshalb ich meine Zustimmung verweigerte. Da sie sich nach mir richten wollten, überlegten sie sich einen anderen Vorschlag: den alten katholischen Friedhof, am Kriegerdenkmal. Ich bat

Hans Frankenthal am Mahnmal zum Gedenken an die 36 jüdischen Bürger Schmallenbergs, die 1942–1945 von den Nationalsozialisten ermordet wurden.
Privatarchiv Hans Frankenthal, Jüdisches Museum Berlin

sie zu warten, bis ich mich dort umgeschaut hatte, und meldete mich dann telefonisch bei ihnen. »Nein!« teilte ich mit. »*Bitburg*[18] in Schmallenberg gibt es nicht.« Als sie eine Erklärung forderten, fuhr ich fort: »Hier auf dem Kriegerdenkmal sind vier oder fünf gefallene Schmallenberger, von denen ich hundertprozentig weiß, dass sie bei der SS waren. Kommt nicht infrage!«

Letztendlich fiel ihnen ein, mich nach meinen Vorstellungen zu fragen, und ich schlug den Platz vor, auf dem die Synagoge gestanden hatte. Sie warnten mich, es würde schwer, dies durchzusetzen, weil der jetzige Besitzer bestimmt nicht einverstanden sei. Was sich auch bestätigte, denn er weigerte sich beharrlich, unseren Plänen zuzustimmen. Nachdem ich mir das Theater eine Weile angeschaut hatte, stellte ich einfach schon mal Attrappen hin. Es gab noch einigen Streit mit der Stadt – die Tafeln seien angeblich zu hoch. Das Hin und Her dauerte an, bis Schmallenberg im Januar 1988 endlich die erste Gedenktafel mit den Namen der umgekommenen Juden bekam.

Firma Lahrmann

Von den I. G. Farben erhielt ich für die Zwangsarbeit eine »Entschädigung« von 5000 DM. Kleinere Firmen, wie zum Beispiel die Firma Lahrmann, die sich ebenfalls an der Ausbeutung jüdischer Zwangsarbeiter bereichert hatten, kamen völlig ungeschoren davon.

Schon in den fünfziger Jahren hatte ich mich mit einem Brief an Ferdinand Lahrmann gewandt, da er nicht den damals üblichen Normal-

18 Im Jahr 1985 legten US-Präsident Ronald Reagan und Bundeskanzler Helmut Kohl auf dem Soldatenfriedhof Kolmeshöhe in Bitburg Kränze nieder. Da dort neben amerikanischen Soldaten auch Mitglieder der Waffen-SS begraben sind, löste dies Kritik aus: Das Gedenken an die Toten, ohne Differenzierung zwischen Opfern und Tätern, lasse die Einzigartigkeit der NS-Verbrechen in den Hintergrund treten.

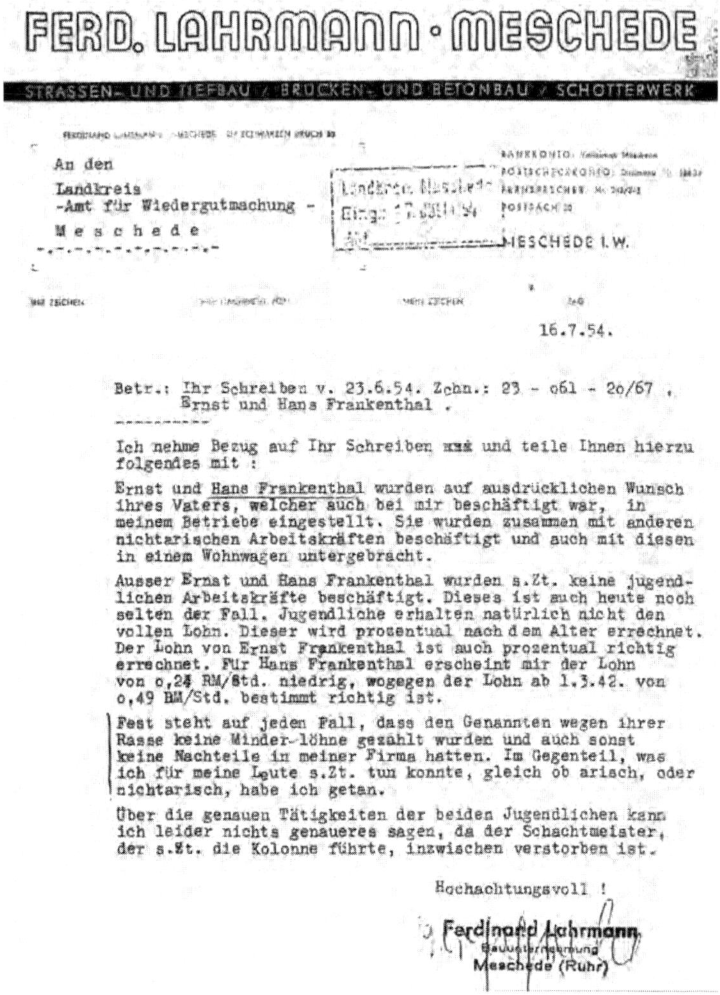

FERD. LAHRMANN · MESCHEDE

STRASSEN- UND TIEFBAU / BRÜCKEN- UND BETONBAU / SCHOTTERWERK

An den

Landkreis
-Amt für Wiedergutmachung -

M e s c h e d e

MESCHEDE I.W.

16.7.54.

Betr.: Ihr Schreiben v. 23.6.54. Zchn.: 23 - o61 - 2o/67 .
Ernst und Hans Frankenthal .

Ich nehme Bezug auf Ihr Schreiben ~~xxx~~ und teile Ihnen hierzu folgendes mit :

Ernst und Hans Frankenthal wurden auf ausdrücklichen Wunsch ihres Vaters, welcher auch bei mir beschäftigt war, in meinem Betriebe eingestellt. Sie wurden zusammen mit anderen nichtarischen Arbeitskräften beschäftigt und auch mit diesen in einem Wohnwagen untergebracht.

Ausser Ernst und Hans Frankenthal wurden s.Zt. keine jugendlichen Arbeitskräfte beschäftigt. Dieses ist auch heute noch selten der Fall. Jugendliche erhalten natürlich nicht den vollen Lohn. Dieser wird prozentual nach dem Alter errechnet. Der Lohn von Ernst Frankenthal ist auch prozentual richtig errechnet. Für Hans Frankenthal erscheint mir der Lohn von o,24 RM/Std. niedrig, wogegen der Lohn ab 1.3.42. von o,49 RM/Std. bestimmt richtig ist.

Fest steht auf jeden Fall, dass den Genannten wegen ihrer Rasse keine Minder-löhne gezahlt wurden und auch sonst keine Nachteile in meiner Firma hatten. Im Gegenteil, was ich für meine Leute s.Zt. tun konnte, gleich ob arisch, oder nichtarisch, habe ich getan.

Über die genauen Tätigkeiten der beiden Jugendlichen kann ich leider nichts genaueres sagen, da der Schachtmeister, der s.Zt. die Kolonne führte, inzwischen verstorben ist.

Hochachtungsvoll !

Ferdinand Lahrmann
Bauunternehmung
Meschede (Ruhr)

Antwortschreiben des Bauunternehmers Ferdinand Lahrmann an den Landkreis Meschede, Amt für Wiedergutmachung, vom 16. 7. 1954. Wie die meisten privaten Unternehmen weigerte sich auch Ferdinand Lahrmann, der von der Ausbeutung jüdischer Zwangsarbeiter profitiert hatte, den vorenthaltenen Lohn oder gar eine Entschädigung zu zahlen. *Privatbesitz* tarif von 80 Pfennig pro Stunde gezahlt hatte, sondern mir nur 24 Pfennige, meinem Bruder 32 Pfennige und den Erwachsenen 56 Pfennige. Auf Fahrgeld und andere Leistungen hatten die jüdischen Zwangsarbeiter sowieso kein Recht. Ein gutes Geschäft für Lahrmann.

Ich wollte von ihm kein Geld, sondern eine öffentliche Erklärung, dass seine Firma jüdische Zwangsarbeiter ausgebeutet hatte – und unter welchen Bedingungen. Der Versuch, eine Erklärung auf außergerichtlichem Weg zu erhalten, scheiterte an Lahrmanns Weigerung. Der nächste Schritt, vor dem Landgericht in Arnsberg eine Entscheidung zu erzwingen, schlug ebenso fehl, da – so die Begründung – die Sache verjährt sei.

1995 – 50 Jahre nach meiner Befreiung

1995 besuchte ich Auschwitz zu den Gedenkveranstaltungen zum 50. Jahrestag der Befreiung. Wir fuhren mit dem Bus gerade durch eine polnische Stadt, als die Dolmetscherin erläuterte, an diesem Platz habe das Denkmal eines sowjetischen Marschalls gestanden. »Wir haben es abgerissen, nach Moskau zurückgeschickt und die Straße, die seinen Namen trug, umbenannt«, erzählte sie mit Stolz in der Stimme. Empört ging ich nach vorne ans Mikrophon und fragte sie: »Schämen Sie sich nicht? Wer hat Sie denn vom Nationalsozialismus befreit? Die Russen doch!«

Solche Umschreibungen der Geschichte finden in den letzten Jahren nicht nur in Polen statt: Nachdem Bundeskanzler Kohl es 1985 in Bitburg durchgesetzt hatte, dass der amerikanische Präsident Reagan einen Kranz auf dem Friedhof niederlegte, auf dem auch Mitglieder der SS begraben sind, gab es immer neue Versuche, die Geschichte des »Dritten Reiches« zu verharmlosen. Besonders betroffen waren wir Überlebenden von der Einweihung der »Neuen Wache« in Berlin, die als »nationales« Mahnmal aller »Opfer von Krieg und Gewaltherrschaft« gedenken soll. Eine Gedenkstätte für die Täter und Opfer gleichermaßen!

Unter den Deutschen gibt es nach wie vor kaum eine Auseinandersetzung mit ihren Verbrechen – im Gegenteil, die Legenden der »sauberen Wehrmacht« musste ich mir immer wieder anhören. Es gab in Schmallenberg nur einmal eine Situation, in der ein Bekannter die Wahrheit zugegeben hat. Das war gegen Ende der achtziger Jahre, als mich Josef Brüggemann nach einem Kneipenstreit über die Rolle der Wehrmacht bei der Vernichtung der jüdischen Bevölkerung raus gewunken hatte. Auf der Toilette gestand er mir, dass ich mit meinen Anklagen recht habe, er selbst sei Zeuge gewesen. Auf mein Nachfragen hin erzählte er, dass er, in Polen in einem Ruhequartier stationiert, tagelang Maschinengewehrfeuer gehört und – misstrauisch geworden – sich in die Richtung aufgemacht hatte, aus der die Salven zu hören waren. Er hatte mit eigenen Augen gesehen, wie jüdische Menschen nackt an einer Kiesgrube standen und erschossen wurden, während die Wehrmacht das Gelände absperrte.

Ich hatte darüber nachgedacht, ob ich zu den anderen in die Wirtschaft zurückgehen und sagen sollte, hier habt ihr einen Zeugen. Ich wusste, dass Josef Brüggemann es mir gestanden hatte, weil er mit uns wirklich befreundet gewesen war. In der Nazizeit, als die Bauern schon nicht mehr offen mit uns handelten, war er manchmal losgegangen und hatte für uns das Vieh geholt. Aber ich wollte ihn in der Kneipe nicht bloßstellen, also habe ich nichts gesagt.

Mir kann kein deutscher Soldat erzählen, er habe von nichts gewusst. Wenn beim Rückzug der Deutschen in manchen russischen Städten nur noch zehn Prozent der früheren Einwohner lebten, das musste jedem auffallen. Das Abschlachten der Menschen, davon haben die »kleinen« Soldaten alle gewusst. Es wird noch viel ausgegraben werden, aber die Genugtuung, dass die Deutschen endlich zugeben, was sie alles verbrochen haben, erleben wir nicht mehr. Wenn ich diesen Frontkämpfer-Freunden, die manchmal bedauernd darauf hinwiesen, dass ohne Sabotage der Krieg vielleicht gar nicht verloren worden wäre, erzählt hätte, was wir in Auschwitz und Dora alles gemacht haben, dann hätten sie mich als Juden vielleicht noch lange nach dem Krieg totgeschlagen.

Die Ignoranz gegenüber unserer Geschichte drückte sich in vielem aus. Zum 50. Jahrestag der Befreiung 1995 wurde in Mittelbau-Dora der südliche Stollen wieder freigelegt und für die Öffentlichkeit zugänglich gemacht, um an die unterirdische V2-Raketenproduktion und das Leid der Häftlinge zu erinnern. Gleichzeitig wurde aber auch versucht, in Peenemünde eine Ausstellung über den Raketenbau zu zeigen, bei deren feierlicher Eröffnung der Geburtsstunde der Raketen gedacht werden sollte – ohne darauf hinzuweisen, unter welchen Bedingungen diese produziert worden sind. Erst auf Druck der Überlebenden kam diese Ausstellung nicht zustande. Raketen erscheinen heute als eine Technik, die einfach vorhanden ist; die meisten Menschen bewundern die schönsten Fernsehbilder aus dem Weltraum, ohne eine Sekunde daran zu denken, wo und wie diese Raketen erfunden wurden und wie viele KZ-Häftlinge dafür ihr Leben lassen mussten.

Ich hatte Nordhausen und Mittelbau-Dora kurz vor und nach der Wende mehrmals besucht. Die *Treuhand*[19] wollte das Gelände, auf dem sich die Stollen befinden, an die Wildgruber Baustoff Werke (WIKO GmbH) weiterverkaufen, deren Planungen vorsahen, den gesamten Berg abzutragen. Damit wären die Orte zerstört worden, an denen heute noch an die Leiden der Häftlinge erinnert werden kann. Heinz Galinski als Vorsitzender des Zentralrats der Juden und ehemaliger Häftling des Lagers und ich erwirkten, dass der Berg nur bis zu einer bestimmten Höhe abgetragen werden durfte, aber selbst dies war nicht leicht durchzusetzen. Wir wussten, dass man nach dem Krieg in einem zugemauerten Stollen noch 181 Leichen gefunden hatte, und da dies vermutlich Juden waren, bestanden wir auf das ewige Ruherecht jüdischer Friedhöfe – bisher wurde das akzeptiert …

Mitte der neunziger Jahre hatte ich eine schwere Krise. Ich konnte einfach nicht mehr. Nachts schlief ich höchstens ein, zwei Stunden und litt unter Alpträumen. Jeden Abend, wenn ich ins Bett ging, dachte

19 Die 1990 gegründete »Treuhandanstalt« (kurz »Treuhand«) sollte die Volkseigenen Betriebe der DDR privatisieren oder, wenn das nicht möglich war, stilllegen.

ich mir: »Hoffentlich wirst du morgen nicht wieder wach.« Es wurde so schlimm, dass ich mich an eine Psychiaterin wandte, die mir Beruhigungs- und Schlaftabletten verschrieb. Nach einiger Zeit ging es wieder einigermaßen. Vielleicht hätte ich mich in der Zeit umgebracht, aber ich habe ziemlichen Respekt vor dem Tod. Bei vielen Bekannten erlebte ich mit, wie sehr sich Überlebende bei ihrem Sterben quälen – es kommt alles noch einmal in die Erinnerung, es ist grausam.

Wenn ich tot bin, möchte ich in Schmallenberg begraben werden – aber dafür müsste eine Extragenehmigung eingeholt und der Jüdische Friedhof für den Tag wiedereröffnet werden, das wird zu kompliziert. Der Jüdische Friedhof in Schmallenberg ist sehr steil angelegt, und meine Freunde spotteten öfter: »Da tragen wir dich Schwergewicht aber nicht rauf.« Mein Freund Kurt Eppelmann fand eine hervorragende Lösung, er erklärte: »Wir können ja in Dr. Beckers Garten einen Kran stellen, und dann lass ich den Frankenthal ganz langsam in sein Grab runter. Den braucht keiner zu tragen.« Damit waren alle einverstanden.

So weit sind wir allerdings noch lange nicht. Momentan arbeite ich nach wie vor von morgens bis abends, bin in der Jüdischen Gemeinde aktiv, kümmere mich um die Erinnerung an unsere Verfolgungsgeschichte, besuche weiterhin Schulen und vieles mehr. Meine Geschichte wird mich bis in den Tod nicht mehr loslassen, trotzdem bin ich ein fröhlicher Mensch. Vor kurzem habe ich mich auf einer Reise nach Israel sogar noch einmal verliebt, und jetzt genieße ich den Frühling …

Hans Frankenthal mit Romani Rose (Vorsitzender des Zentralrats Deutscher Sinti und Roma) und Simon Wiesenthal
Privatarchiv Hans Frankenthal, Jüdisches Museum Berlin

Nachwort zur Erstauflage von 1999

»... im Hause des Henkers soll man nicht vom Strick reden; sonst hat man Ressentiment.«[1]

Theodor W. Adorno

Aus Auschwitz zurückgekehrt, machte Hans Frankenthal die Erfahrung, dass er gar nicht vom Strick zu reden brauchte und dennoch auf Ressentiments stieß. Wie viele Überlebende traf er in den Nachkriegsjahren bei denjenigen, die passiv oder aktiv an der Verfolgung beteiligt gewesen waren, auf verstocktes Schweigen und Verdrängen. Nachdem der militärische Sieg der Alliierten Streitkräfte über das terroristische NS-Regime die Tore der Konzentrationslager geöffnet hatte, mussten viele Überlebende schon bald resigniert erkennen, dass die Mehrheit der Deutschen die Befreiung in erster Linie als Niederlage und Zusammenbruch wahrnahm.

Adornos Einschätzung Ende der fünfziger Jahre, dass »die vielzitierte Aufarbeitung der Vergangenheit bis heute nicht gelang und zu ihrem Zerrbild, dem leeren und kalten Vergessen, ausartete«, hat kaum an Aktualität verloren; ebenso wenig wie seine gesellschaftskritische Erkenntnis, dass dies daher rühre, »dass die objektiven gesellschaftlichen Voraussetzungen fortbestehen, die den Faschismus zeitigten«.[2]

Desinteresse, Verdrängung, Schweigen oder Leugnung waren weitverbreitet. Bis in die achtziger Jahre hinein blieb in der bundesdeutschen Gesellschaft das Gedenken an die Opfer des Nazi-Regimes die Sache einer engagierten Minderheit. Die in den letzten Jahren stattfindende öffentliche Thematisierung verschiedener Aspekte der Geschichte des NS-Regimes hat aber nicht unbedingt zu einer kritischen Auseinandersetzung mit den gesellschaftlichen Ursachen der

1 Theodor W. Adorno, Was bedeutet: Aufarbeitung der Vergangenheit (1959), in: Gesammelte Schriften Bd. 10.2, Frankfurt a. M. 1977, S. 555.

2 Ebenda, S. 566.

geschehenen Verbrechen geführt. Ein nicht unbeträchtlicher Teil der populären Interpretationen ist von einer wiederbelebten Totalitarismustheorie geprägt, die letztlich auf die Relativierung der nazistischen Verbrechen hinausläuft. Tabubrüche wie die Ausstellung des Hamburger Instituts für Sozialforschung über die Beteiligung der Wehrmacht an Verbrechen in den besetzten Gebieten haben ausgesprochen kontroverse Reaktionen ausgelöst. Sie stoßen immer noch auch auf erbitterte Anfeindungen und Widerstand.

Trotz der Breite der Debatte haben überlebende Opfer von Zwangsarbeit, Konzentrations- und Vernichtungslagern nach wie vor Schwierigkeiten, mit ihrer Sichtweise und ihren Anliegen Gehör zu finden. Über 50 Jahre nach der Befreiung wird zugleich die Zahl derjenigen, die aus persönlichem Erleben über die an ihnen begangenen Verbrechen berichten können, immer kleiner. Umso wichtiger ist es, ihre Erinnerungen zu dokumentieren.

Die vorliegende Biografie Hans Frankenthals entstand auf Anregung des Auschwitz-Komitees in der Bundesrepublik, in dem sich Überlebende mit jüngeren Menschen zusammengefunden haben, um für das Gedenken an die Opfer von Auschwitz einzutreten.[3]

Hans Frankenthal nahm unseren Vorschlag an, seine Biografie zu schreiben. Wir führten mit ihm ein mehrtägiges Interview, dem weitere folgten. Auf Grundlage einer gemeinsamen konzeptionellen Diskussion setzte Babette Quinkert die transkribierten Tonbänder literarisch um. Den biografischen Text brachten Andreas Plake und Florian Schmaltz in enger Kooperation mit Hans Frankenthal in seine Endfassung. Die

3 Bisher erschienen die Biografien von Esther Bejarano, Man nannte mich Krümel. Eine jüdische Jugend in den Zeiten der Verfolgung, hrsg. vom Auschwitz-Komitee in der Bundesrepublik e. V., Hamburg 1989; Flora Neumann, Erinnern um zu leben, Hamburg 1991; dies., We should squash you like cockroaches, in: Lore Shelly (Ed.), The Union Kommando in Auschwitz. The Auschwitz Munition Factory Through the Eyes of it's Former Slave Laborers, Lanham u. a. 1996, S. 29–38; Karl Heinz Jahnke, Sie haben nie aufgegeben. Ettie und Peter Gingold – Widerstand in Frankreich und Deutschland, Bonn 1998.

teilweise dialogische Erzählweise Hans Frankenthals wurde beibehalten, ohne freilich den Anspruch zu erheben, eine wortgenaue Wiedergabe von vor Jahrzehnten geführten Gesprächen zu leisten.

Hans Frankenthal hat sich in den letzten Jahren unermüdlich mit Publikationen und Forschungen zur Geschichte von Auschwitz befasst. So ergänzt er in seinen Erzählungen seine individuellen Erinnerungen mit politischen und historischen Reflexionen.

Die im Buch abgedruckten Dokumente geben einen kleinen Teil einer beeindruckenden Fülle von Materialien wieder, die Hans Frankenthal zusammengetragen hat. Er ist im Besitz einer umfangreichen Quellensammlung zur Geschichte der jüdischen Familien Schmallenbergs, dem Leben und Arbeiten der jüdischen Viehhändler des Sauerlands, der zunehmenden Entrechtung und Diskriminierung der Jüdinnen und Juden nach 1933 sowie zu Zwangsarbeit, Deportation und Vernichtung. Er sammelt Dokumente, die das Bemühen der Überlebenden zeigen, die Schuldigen zur Rechenschaft zu ziehen, ebenso wie solche, die die »Wiedergutmachungs«-Politik und insbesondere die Beteiligung von Behörden, Firmen und deutscher Bevölkerung an der Ausbeutung, Verfolgung und Ermordung ihrer jüdischen Nachbarn betreffen.

Hans Frankenthals Erinnerungen setzen den Opfern von Auschwitz und dem Widerstand, der ihm und seinem Bruder mehr als einmal das Leben rettete, ein literarisches Denkmal. Sie sind aber auch deshalb von außergewöhnlicher Bedeutung, weil er als einer der wenigen Überlebenden das soziale Milieu der Juden auf dem Land schilderte, das in Deutschland unwiederbringlich zerstört wurde. Im Sauerland erinnert heute kaum noch etwas an die Geschichte der jüdischen Viehhändler, in deren Milieu Hans Frankenthal aufwuchs und dem er als Jugendlicher entrissen wurde. Seine Rückkehr nach Schmallenberg 1945 legte darüber hinaus den Umgang der bundesdeutschen Gesellschaft mit ihrer unmittelbaren Vergangenheit offen.

Hans Frankenthals Leben ist in besonderer Weise mit der Geschichte der I. G. Farben und ihres Werkes Buna IV in Auschwitz verbunden, in deren firmeneigenem KZ Monowitz er als Jugendlicher

Zwangsarbeit und Haft überlebte. Der Umgang des Konzerns mit seiner Vergangenheit und die Auseinandersetzungen um eine Entschädigung der von ihm ausgebeuteten Häftlinge werfen exemplarisch ein Licht auf die bundesdeutsche »Vergangenheitsbewältigung«. Hans Frankenthal, dessen Leben für immer von den Folgen seiner Verfolgung und Gefangenschaft gezeichnet ist, kämpft noch heute für eine Aufklärung über die Beteiligung der I. G. Farben an dem Völkermord.

Die I. G. Auschwitz unter Anklage

Am Ende des Zweiten Weltkrieges bestand fast die Hälfte der I. G. Farben-Gesamtbelegschaft von rund 330 000 aus unfreien Arbeitskräften: Zwangsarbeiter und -arbeiterinnen, Kriegsgefangene und KZ-Häftlinge.[4] Bis heute ist die Legende verbreitet, die Ausbeutung dieser Menschen sei den deutschen Großkonzernen von staatlicher Seite aufgezwungen worden. Mit dieser Behauptung verteidigten sich die Vertreter der Industrie in den Nürnberger Nachfolgeprozessen, in denen auch das »Sklavenarbeiterprogramm« der deutschen Kriegswirtschaft Gegenstand der Anklage war. Analog zur Argumentationsfigur von Wehrmachtsangehörigen versuchten auch die Manager der I. G. Farben, ihr Handeln mit sogenanntem Befehlsnotstand zu rechtfertigen.

Trotz der Fülle gegenteiliger Beweisdokumente folgten die Richter in ihrem Urteil mehrheitlich den Argumenten der Verteidigung und zogen die Verantwortlichen des I. G. Farben-Konzerns nicht zur Rechenschaft – mit einer Ausnahme: Auf die I. G. Auschwitz mit ihrem KZ Monowitz und dem KZ-Außenlager bei der Kohlengrube Fürstengrube erstreckte sich der Freispruch nicht. Hier ließen die Richter das Notstandsargument

4 Peter Hayes, I. G. Farben und der I. G. Farben-Prozess. Zur Verwicklung eines Großkonzerns in die nationalsozialistischen Verbrechen, in: Fritz Bauer Institut (Hrsg.), Jahrbuch zur Geschichte und Wirkung des Holocausts. Auschwitz: Geschichte, Rezeption und Wirkung, Frankfurt a. M. 1996, S. 99–121, hier S. 99.

nicht durchgehen: »Die Geschichte des Werkes Auschwitz und der Fürstengrube ergibt, dass beides vollkommen private Unternehmen waren, die von der I. G. betrieben wurden, und zwar in einer Weise, die den dort tätigen Organen der I. G. weitgehende Handlungsfreiheit und Gelegenheit für eigene Initiative gab. Die Beweisaufnahme hat nicht ergeben, dass die Auswahl des Geländes Auschwitz und die Errichtung der Buna- und Brennstoff-Fabrik auf dem Gelände unter Zwang erfolgte, wenn sie auch von den Reichsbehörden begünstigt wurde, die die Inbetriebnahme einer vierten Buna-Fabrik dringend wünschten.«[5]

Weiter heißt es in der Urteilsbegründung entsprechend deutlich: »Die Verwendung von Konzentrationslagerhäftlingen und ausländischen Zwangsarbeitern in Auschwitz stellt, wenn man berücksichtigt, dass die leitenden Beamten der I. G. aus eigenem Antrieb Maßnahmen zur Beschaffung und Verwendung dieser Arbeitskräfte getroffen haben, ein Verbrechen gegen die Menschlichkeit[6] dar und gleichzeitig, sofern es sich um Angehörige fremder Staaten handelt, auch ein Kriegsverbrechen, und insoweit greift die Berufung auf einen angeblich durch das Sklavenarbeiterprogramm des Reiches geschaffenen Notstand nicht durch. Es ist ferner erwiesen, dass die Verwendung der Konzentrationslagerhäftlinge in Kenntnis der schlechten, ja unmenschlichen Behandlung erfolgt ist, die den Häftlingen durch die SS zuteil wurde, und dass die Arbeit auf dem Baugelände in Auschwitz das bedauernswerte Schicksal dieser unglücklichen Häftlinge noch verschlimmert und zu ihrer verzweifelten Lage beigetragen hat.«[7]

Allerdings wurden nur fünf der für die I. G. Auschwitz verantwortlichen Manager der I. G. Farben in Nürnberg für dieses Verbrechen zu Gefängnisstrafen verurteilt: Otto Ambros sowie Walther Dürrfeld zu je acht Jahren, Fritz ter Meer zu sieben und Carl Krauch

5 Das Urteil im I. G. Farbenprozess. Der vollständige Wortlaut mit Dokumentenanhang, Offenbach 1948, S. 129.

6 Die präzise Übersetzung der englischen Formulierung »crimes against humanity« lautet: »Verbrechen gegen die Menschheit«.

7 Das Urteil im I. G. Farbenprozess, S. 129 f.

sowie Heinrich Bütefisch zu sechs Jahren. Noch bevor sie ihre Strafen vollständig verbüßt hatten, waren sie wieder auf freiem Fuß und gelangten innerhalb kürzester Zeit in gehobene Positionen der bundesdeutschen Chemieindustrie.

Almosen für die Häftlinge – Die Frage der Entschädigung

Als die Richter in Nürnberg im I. G. Farbenprozess (Fall VI) am 29. und 30. Juli 1948 das Urteil verkündeten, war das Konzernvermögen der I. G. Farben von den Alliierten noch konfisziert. Diese hatten auf der Entflechtung des Konzerns bestanden, um die Gefahr einer Remilitarisierung Deutschlands zu verhindern. Die Nachfolgefirmen BASF, Bayer, Hoechst, Casella u. a. wurden aus dem Konzern ausgegliedert, der als »I. G. Farbenindustrie AG in Liquidation« weiterbestand, um diese von Gläubigeransprüchen freizuhalten. In den Entflechtungsverhandlungen zwischen den Alliierten und Vertretern der deutschen Konzerne und Banken spielten zwar die Befriedigung der Gläubigeransprüche und die Rentenzahlungen ehemaliger I. G. Farben-Mitarbeiter eine Rolle, die Frage einer Entschädigung für die überlebenden Häftlinge von Monowitz hingegen fiel unter den Tisch.[8]

Im Jahr 1951 beschäftigte diese Frage erstmals ein bundesdeutsches Gericht, als der ehemalige Monowitz-Häftling Norbert Wollheim gegen die I. G. Farben i. L. klagte. Sein Rechtsanwalt, Henry Ormond, der selbst 1938 im KZ Dachau inhaftiert gewesen war, forderte in der Klageschrift vom 3. November 1951 für seinen Mandanten 10 000 DM vorenthaltenen Lohn für 22 Monate Zwangsarbeit auf der Baustelle des Buna-Werks

8 Hans Dieter Kreikamp, Die Entflechtung der I. G. Farbenindustrie A. G. und die Gründung der Nachfolgegesellschaften, in: Vierteljahrshefte für Zeitgeschichte 25 (1977), S. 220–251; Karl Heinz Roth, Einleitung des Bearbeiters, in: Hans Magnus Enzensberger (Hrsg.), OMGUS. Ermittlungen gegen die I. G. Farbenindustrie A. G. – September 1945, übers. und bearb. von der Dokumentarstelle zur NS-Sozialpolitik, Nördlingen 1986, S. XIII–LXXII.

in Auschwitz.[9] Die Forderung beinhaltete zugleich ein Schmerzensgeld wegen erlittener gesundheitlicher Schäden aufgrund vorsätzlich unterlassener Arbeitsschutzvorkehrungen. Es war das erste bundesdeutsche Verfahren, in dem die Verantwortung der deutschen Industrie für die Leiden durch KZ-Zwangsarbeit sowie eine Entschädigung hierfür behandelt wurde. Der Prozess entwickelte sich zu dem Präzedenzfall, der den Umgang der bundesdeutschen Justiz ebenso wie den der Industrie, der Regierung und Behörden mit den Opfern des Zwangsarbeitssystems in den folgenden Jahrzehnten prägen sollte.

In der Beweisaufnahme der Hauptverhandlung, die am 16. Januar 1952 beim Landgericht Frankfurt am Main begann, schilderten zahlreiche ehemalige KZ-Häftlinge und britische Kriegsgefangene, die ebenfalls Zwangsarbeit für die I. G. Farben hatten leisten müssen, die Zustände in Monowitz. Sie beschrieben den andauernden Hunger, die Krankheiten, die Misshandlungen durch die SS und die Meister der I. G. auf der Baustelle sowie die Selektionen der Häftlinge, die als nicht mehr arbeitsfähig angesehen wurden. Die Zeugen der Verteidigung leugneten die Zustände, sodass die Richter »eine entsetzliche Gleichgültigkeit der Beklagten und ihrer Leute gegenüber dem Kläger und den gefangenen Juden« rügten, die nur dann verständlich würde, wenn man von der Annahme ausginge, die Verantwortlichen der I. G. Farben hätten »die jüdischen Häftlinge tatsächlich nicht für vollwertige Menschen gehalten, denen gegenüber eine Fürsorgepflicht bestand«.[10]

Als unterlassene Hilfeleistung wertete das Gericht, dass die I. G. Farben keinen Widerstand gegen die Behandlung der Häftlinge geleistet

9 Vgl. Wolfgang Benz, Der Wollheim-Prozeß. Zwangsarbeit für die I. G. Farben in Auschwitz, in: Ludolf Herbst/Constantin Goschler (Hrsg.), Wiedergutmachung in der Bundesrepublik Deutschland, München 1989, S. 303–326. Wir danken Werner Renz vom Fritz Bauer Institut in Frankfurt am Main, der uns Prozessakten des Wollheim-Verfahrens vor dem 3. Zivilsenat des Landgerichts Frankfurt am Main (Az. 2/3 O 406/51) zugänglich machte.

10 Fritz Bauer Institut, Bestand Wollheim-Verfahren, Urteil des Landgerichts Frankfurt am Main, Az. 2/3 O 406/51 vom 19. Juni 1953, S. 17.

hatte, der, »wenn sie es wirklich gewollt hätte [...] gegen die SS in gewissem Umfange möglich gewesen wäre«. Da die Konzernvertreter aber keinen »irgendwie ernst zu nehmenden Versuch« unternommen hatten, »das Los des Klägers und der jüdischen Häftlinge zu verbessern«, sah das Gericht die schuldhafte Körperverletzung als erwiesen an und hielt das von Wollheim geforderte Schmerzensgeld in Höhe von 10 000 DM für angemessen.[11]

Das erstinstanzliche Urteil vom 10. Juni 1953 schien der Durchbruch für die Regelung von individuellen Entschädigungsansprüchen von KZ-Zwangsarbeitern und Zwangsarbeiterinnen gegenüber der deutschen Industrie zu sein. Doch auch diese hatte die enorme Bedeutung des Verfahrens klar erkannt. In internen Berichten ehemaliger Mitarbeiter der I. G. Auschwitz, die inzwischen in den Nachfolgefirmen arbeiteten und das Wollheim-Verfahren genau verfolgten, war von einem »ausgesprochenen test case« die Rede, »dem im Falle, dass der Kläger obsiegt, eine noch nicht übersehbare Anzahl weiterer Prozesse der anderen Lagerinsassen bzw. deren Erben folgen wird«.[12] Bis Herbst 1952 hatten sich durch die große Publizität des Verfahrens bereits 1100 Überlebende in der Kanzlei von Rechtsanwalt Ormond oder direkt bei den Anwälten der I. G. Farben gemeldet.[13]

Angesichts der befürchteten Konsequenzen hatten sich Industrie und Ministerialbürokratie noch vor der Urteilsverkündung über mögliche Strategien beraten, wie mit den sich anbahnenden Folgeprozessen vonseiten anderer Häftlinge gegenüber der Wirtschaft umgegangen werden sollte. Im Mai 1953 trafen sich im Bundesfinanzministerium die Liquidatoren der I. G. Farben mit Vertretern der Konzerne Krupp, Mannesmann, von Eisen- und Stahlwerken und mit Ministerialbeamten aus dem Bundesministerium der Finanzen sowie der Ressorts

11 Ebenda, S. 21.

12 Dr. Storkebaum/Dr. Brüstele, Bericht. Betr.: Prozess des ehemaligen KZ-Häftlings Wollheim gegen die I. G., 5. 3. 1953, Bundesarchiv Koblenz (BArch) B 102, Nr. 60762, Bl. 3.

13 Benz, Der Wollheim-Prozess, S. 308.

Justiz, Arbeit und Inneres des Bundeskanzleramtes. Mit von der Partie war auch ein Vertreter des Bundesverbandes der Deutschen Industrie. In Wirtschaftskreisen hatte sich ein klarer Konsens herausgebildet, die Entschädigungsansprüche zurückzuweisen.[14] Offensiv wurden gesetzliche Regelungen eingefordert, die die Industrie vor Individualklagen der Häftlinge in Zukunft grundsätzlich freihalten sollten. Diesbezüglich intervenierte die Industrielobby in der Folgezeit mehrfach bei Beratungen über die Novelle des Bundesentschädigungsgesetzes (BEG).[15]

Im August 1953 schlug die I. G. Farben i. L. gegenüber Bundeswirtschaftsminister Ludwig Erhard eine härtere Gangart ein und drohte sogar mit Regressansprüchen gegen die Bundesrepublik als Rechtsnachfolgerin des NS-Staates für den Fall, dass Entschädigungsansprüche ehemaliger KZ-Häftlinge gegen I. G. Farben anerkannt würden.[16] Am 3. Dezember 1954 forderte ein Vertreter der Industrie in den Beratungen des Bundestagsausschusses unter Verweis auf das Verfahren von Wollheim nochmals, das BEG dahingehend zu ändern, dass für alle Schadensersatzansprüche von Zwangsarbeitern der deutschen Industrie ausschließlich die Bundesrepublik als Rechtsnachfolgerin des NS-Regimes haften müsse und nicht die Industrieunternehmen, die Zwangsarbeiter eingesetzt hatten.[17]

Im Frühjahr 1956 modifizierte die Industrie ihr Vorgehen. Im März wandte sich der Hauptgeschäftsführer des Bundesverbandes der Deutschen Industrie, Gustav Stein, an den zuständigen Staatssekretär im Bundeskanzleramt Adenauers. Kein Geringerer als der ehemalige

14 Ebenda, S. 314 f.

15 So beispielsweise in der Sitzung des zuständigen Ausschuss des Bundestags am 3. 12. 1954, vgl. ebenda, S. 318.

16 Reuter/Schmidt, I. G. Farbenindustrie AG i. L. an Bundeswirtschaftsminister Ludwig Erhard, Betr.: Durchführung der I. G.-Entflechtung und Liquidation und Entschädigung früherer Häftlinge, 14. 8. 1953, BArch B 102, Nr. 60762.

17 Vgl. Benz, Der Wollheim-Prozess, S. 318, und Henry Ormond: Plädoyer vor dem 5. Zivilsenat des OLG Frankfurt am 1. März 1955, in: Dachauer Hefte 2 (1986), S. 151.

Kommentator der »Nürnberger Rassegesetze«, Hans Globke,[18] wurde von Stein informiert, dass der »Abschluss des Vergleichs zwischen Wollheim und I. G. Farben i. L. mit den Verfolgten-Organisationen« von der Industrie nun doch »aus außenpolitischen Gründen gefördert« werde. Mit diesem Kurswechsel wolle die Industrie vermeiden, erläuterte Stein, »dass wegen des Falles Wollheim eine umfangreiche Beweisaufnahme erfolgt, im Rahmen deren auch eine Reihe angesehener amerikanischer Staatsbürger, die früher im KZ gesessen haben, als Zeugen vernommen werden müssten«. Denn neben dem außenpolitischen Risiko, dass »eine solche Zeugenvernehmung, die in den USA stattfinden würde, unserem dortigen Ansehen abträglich sein würde«, befürchtete Stein materielle Verluste, da sie »unsere Bemühungen um die Rückgabe des deutschen Eigentums gefährden würde«.[19] Um eine Lösung zu finden, sollte der seinerzeit amtierende deutsche Botschafter in Washington, Heinz Krekeler,[20] eingeschaltet werden.

Zu der Zeugenvorladung von prominenten amerikanischen Auschwitz-Überlebenden kam es nicht mehr. Rechtsanwalt Ormond hatte, nachdem sich Tausende von Überlebenden bei ihm gemeldet hatten,

18 Hans Globke (1889–1973) war neben dem Kommentar zu den »Nürnberger Rassegesetzen« auch an der Vorbereitung einer Reihe weiterer Gesetze, die der Verfolgung von jüdischen Deutschen dienten, beteiligt – darunter an einem Erlassentwurf, der 1944 das Vermögen von Juden und Jüdinnen, die in den Konzentrationslagern ermordet wurden, dem NS-Staat zuschlug. In der Bundesrepublik wurde er Staatssekretär im Bundeskanzleramt unter Adenauer, wo er sich trotz heftiger öffentlicher Kritik und der Veröffentlichung von belastenden NS-Dokumenten bis 1963 im Amt hielt.

19 Gustav Stein (BDI) an Staatssekretär Globke, 15. 3. 1956, BArch B 136, Bd. 1154, zit. n. Benz, Der Wollheim-Prozess, S. 322. Stein bezog sich hier auf die Verhandlungen über die Rückgabe von Vermögen der deutschen Wirtschaft, die während des Zweiten Weltkrieges von den Alliierten im Ausland beschlagnahmt worden waren.

20 Krekeler hatte vor seiner Tätigkeit als Botschafter bei den I. G. Farben eine Ausbildung als Chemiker absolviert. Vgl. zu den biografischen Angaben von Heinz Krekeler: Hans-Jürgen Döscher, Verschworene Gesellschaft. Das Auswärtige Amt unter Adenauer zwischen Neubeginn und Kontinuität, Berlin 1995, S. 285.

Unterstützung bei jüdischen Organisationen gesucht, die in die zähen Verhandlungen eingestiegen waren. Am 6. Februar 1957 unterzeichneten die Liquidatoren der I. G. Farben mit der Conference on Jewish Material Claims against Germany ein Abkommen, das als Entschädigungssumme für die Zwangsarbeit in den oberschlesischen I. G.-Werken Monowitz und Heydebreck sowie der Fürstengrube GmbH und der Janinagrube einen Gesamtbetrag von 30 Millionen DM vorsah.[21] Mit Inkrafttreten des Abkommens sollte zugleich der Prozess von Wollheim gegen die I. G. Farben eingestellt werden, sofern zwei Bedingungen erfüllt würden: Erstens sollte der Bundestag eigens ein Aufrufgesetz[22] verabschieden und zweitens die Hauptversammlung der I. G. Farbenindustrie i. L. der Regelung zustimmen.

Nachdem diese Bedingungen erfüllt waren, erhielten insgesamt 5855 jüdische Überlebende in 42 Ländern einmalig 5000 DM, sofern sie länger als sechs Monate in Monowitz gewesen waren. Wer zwischen einem und sechs Monaten Zwangsarbeit für I. G. Farben hatte leisten müssen, erhielt einen niedrigeren Betrag. Diejenigen, die weniger als einen Monat inhaftiert gewesen waren, gingen leer aus. Auch Hans Frankenthal erhielt für die 23 Monate seiner Haft und Zwangsarbeit im Konzentrationslager 5000 DM. Viele Häftlinge konnten aber nicht einmal dies in Anspruch nehmen, weil sie zu spät von der vereinbarten Entschädigung erfuhren und die Antragsfristen verstrichen waren.

Die I. G. Farben beharrte auf ihrem Standpunkt, dass die Entschädigungszahlungen auf »freiwilliger« Basis erfolgt seien und keinesfalls einen rechtlichen Anspruch ehemaliger Häftlinge begründen könnten.

21 Vgl. hierzu die Darstellung des in die Verhandlungen involvierten Autors: Benjamin B. Ferencz, Auschwitz-Überlebende gegen I. G. Farben, in: ders., Lohn des Grauens. Die Entschädigung jüdischer Zwangsarbeiter. Ein Offenes Kapitel deutscher Nachkriegsgeschichte, Frankfurt a. M. 1986, S. 59–97.

22 Dies geschah wenige Monate später: Gesetz über den Aufruf der Gläubiger der I. G. Farbenindustrie Aktiengesellschaft in Abwicklung vom 27. Mai 1957, in: Bundesgesetzblatt 1957, I, S. 569. Das Gesetz sah vor, dass ehemalige Zwangsarbeiter ihre Ansprüche nur bis zum 31. 12. 1957 geltend machen konnten. Danach verfielen sie.

In einer Stellungnahme zum Abkommen heißt es: »Mit der an C. C. [Claims Conference] zu leistenden Zahlung wird die I. G. von C. C. aller etwaigen Ansprüche jüdischer Häftlinge aus deren Beschäftigung bei der I. G. endgültig freigestellt. Auch etwa noch aufkommende Prozesse jüdischer KZ-Häftlinge, die dem Abkommen nicht beitreten wollen, gehen zu Lasten der C. C.«[23]

Die im Kontext des Wollheim-Verfahrens ausgehandelte »Entschädigungs«-Lösung hatte eine Pilotfunktion für alle weiteren Verfahren gegen die deutsche Industrie. Bis heute hat sich deren Haltung nicht grundsätzlich geändert. Die an den Verbrechen in Auschwitz beteiligte Industrie erkennt erst in jüngster Zeit unter dem Druck von Klagen ehemaliger Häftlinge eine gewisse moralische Verpflichtung gegenüber den Opfern an. Die politische und juristische Verantwortung sowie den individuellen Anspruch Überlebender auf eine materielle Entschädigung sind nach wie vor umstritten. Immer noch wird versucht, eine Geschichtsbetrachtung aufrechtzuerhalten, die die Verantwortung deutscher Konzerne und ihrer Manager für die Ausbeutung und Vernichtung von KZ-Häftlingen leugnet oder relativiert. Stattdessen ist die Rede von »schicksalhafter Verstrickung« oder von erpresserischem Zwang der SS gegenüber der deutschen Wirtschaft – so als wären die Konzernvertreter die Opfer. Diese Darstellung soll weiterhin der Abwehr von individuellen Entschädigungsforderungen der Häftlinge gegenüber der privaten Industrie dienen.

Der ursprüngliche Auftrag, die I. G. Farben zu liquidieren, wurde seit Jahrzehnten nicht erfüllt. Im Gegenteil: Anstatt mit dem Restvermögen des am Völkermord beteiligten Konzerns die noch lebenden Zwangsarbeiter und -arbeiterinnen und Häftlinge zu entschädigen,

23 I. G. Farbenindustrie AG Aktiengesellschaft in Abwicklung, Stellungnahme der Liquidatoren der I. G. Farbenindustrie zu dem mit der Conference on Jewish Material Claims against Germany am 6. Februar geschlossenen Abkommen über die Regelung etwaiger Ansprüche der während des Krieges der I. G. im Auschwitz-Bereich zum Arbeitseinsatz zugewiesenen KZ-Häftlinge, gez. Dr. Brinckmann, gez. Dr. Schmidt, Februar 1957.

wurden die Liquidatoren 1990 dahingehend aktiv, nach dem Zweiten Weltkrieg in der DDR enteignete Besitztümer zurückzufordern.[24]

Monowitz heute

Entgegen seiner historischen Bedeutung ist das Konzentrationslager Monowitz erstaunlich unbekannt. Es ist kaum erforscht und im Gedenken wenig präsent. In der Gedenkstätte Auschwitz wird dem Konzentrationslager der I. G. Farben vergleichsweise wenig Aufmerksamkeit geschenkt. In der Ausstellung, die in den steinernen Blocks des ehemaligen Stammlagers untergebracht ist, finden sich zwei Hinweise auf Monowitz: Eine gemalte Lagerskizze auf einer großen topografischen Wandkarte des gesamten Lagerkomplexes sowie eine in einer Vitrine ausliegende Überstellungsliste von Häftlingen des Häftlingskrankenbaus von Monowitz zur Vergasung nach Birkenau.

Während die meisten Besucher und Besucherinnen an den Museumsführungen im Stammlager teilnehmen, begeben sich schon deutlich weniger in das zwei Kilometer entfernt liegende Birkenau, wo die Überreste des Vernichtungslagers einen stärkeren Eindruck der ungeheuerlichen Dimensionen von Auschwitz vermitteln. Die wenigsten Besucher und Besucherinnen gelangen bis nach Monowitz.

Wer sich dennoch entschließt, diesen Ort zu besichtigen, erreicht von der Stadt Oświęcim kommend das ehemalige Werk der I. G. Farben. In der Nähe des Hauptzuganges zum heutigen Chemiekombinat befindet sich ein großes Denkmal für die Toten von Monowitz, das nach einer öffentlichen Ausschreibung 1966 errichtet wurde. Der Straße südlich des Werksgeländes nach Osten folgend, fährt man mehrere Kilometer parallel zum früheren Werkszaun, hinter dem sich die

24 Nikolaus Piper, I. G. Farben i. A. – Die Erben leben auf. Alte Ansprüche auf Ostvermögen heizen Spekulationen an, in: Die Zeit, Nr. 44 vom 26. 10. 1990, und Otto Köhler, Hochstimmung im Schatten der I. G. Auschwitz, in: Die Zeit, Nr. 19 vom 3. 5. 1991.

gigantischen Ausmaße des Geländes erahnen lassen. Rechterhand, auf der gegenüberliegenden Straßenseite, sind noch einige Bunker und die Überreste der Torpfosten des Lagers VI zu erkennen, in dem ab Herbst 1943 1200 britische Kriegsgefangene inhaftiert waren. Einige Hundert Meter weiter, nachdem man linkerhand ein Werkstor passiert hat, führt rechts eine Zufahrtsstraße zu dem Dorf Monowice. Hier war 1942 das KZ Monowitz errichtet worden. An der ehemaligen Lagerstraße, die auch das heutige Dorf teilt, erinnert ein steinernes weißes Kreuz mit einer Gedenktafel an die Opfer des Konzentrationslagers.

Obwohl die hölzernen Häftlingsbaracken nicht mehr existieren, lassen sich Überreste des Lagers aufspüren. Vollständig überdauert hat die gemauerte »Schmiede«, die als Kartoffelbunker diente, die Blockführerstube und ein Splitterbunker für Wachposten. Am westlichen Dorfrand stehen noch Ruinen: zwei Steinbaracken des SS-Reviers sowie ein Gebäude der Kommandantur. Sie gehörten zu dem außerhalb der einstigen Lagerumzäunung gelegenen Verwaltungskomplex. Folgt man von hier der etwa vierhundert Meter langen Lagerstraße, findet sich im nordöstlichen Lagerbereich in der Nähe des ehemaligen Häftlingskrankenbaus noch die Leichenkammer. Vom elektrisch geladenen Lagerzaun blieb nur ein gebogener Eckpfeiler aus Beton erhalten, der an der äußersten südöstlichen Begrenzung des einstigen Lagers mitten auf einem Acker steht. Die Konturen der Lagerbegrenzung lassen sich dennoch erkennen: an den vielen halb im Boden versenkten Splitterbunkern, in denen die außerhalb des Lagers postierten SS-Wachen bei Luftangriffen Deckung suchten. Diesem Zweck diente auch ein ungefähr einhundert Meter südlich gelegener großer Mannschaftsbunker, der ebenfalls noch erhalten ist.

Die Besichtigung von Monowitz und die weitergehende Beschäftigung mit dem KZ vermitteln den untrennbaren Zusammenhang von Stammlager, Birkenau und Monowitz. Es drängt sich die Frage auf, inwieweit Auschwitz strukturell auf die Interessen der I. G. Farben ausgerichtet war und welche Funktion das Vernichtungslager Birkenau für den Konzern als Reservoir von billigen KZ-Arbeitskräften hatte. Im Auftrag der deutschen Industrie hat die SS die angeforderten Arbeitskräfte unter den Deportierten selektiert, um sie der grenzenlosen Ausbeutung bis zum Tod auszuliefern. I. G. Farben zahlte an die SS pro Häftling eine tägliche Leihgebühr von vier Reichsmark für Facharbeiter und drei Reichsmark für Hilfsarbeiter. Die Frist, nach deren Ablauf die Häftlinge nicht mehr »arbeitsfähig« waren, lag bei durchschnittlich drei Monaten. Auch in den Kohlegruben, mit denen sich der Konzern die Energieversorgung sicherte, wurden KZ-Häftlinge eingesetzt. Dort sank die durchschnittliche Überlebensdauer unter den mörderischen Arbeitsbedingungen auf nur vier bis acht Wochen. I. G. Farben veranlasste, dass Häftlinge, die nicht mehr die geforderte Leistung erbrachten, von der SS gegen neue Leute ausgetauscht wurden. Die »unbrauchbar« gewordenen Häftlinge wurden in Birkenau ermordet. Noch aus der Vergasung der Häftlinge machte der Konzern ein profitables Geschäft: An der Deutschen Gesellschaft für Schädlingsbekämpfung (Degesch), die das Giftgas Zyklon B tonnenweise lieferte, war die I. G. Farben mit 42,5 Prozent beteiligt.

Angesichts des Sterbens der letzten Zeugen befürchtete Hans Frankenthal, dass sich bald niemand mehr aktiv gegen das Vergessen und für eine Auseinandersetzung mit den begangenen Verbrechen einsetzen werde. Sein besonderer Wunsch ist es, dass die Überreste des Lagers nicht weiter verfallen, sondern als Ort bewahrt werden, an dem sowohl an die Zwangsenteignung und Vertreibung der jüdischen und polnischen Bevölkerung von Monowitz als auch an die Opfer der »Vernichtung durch Arbeit« bei der I. G. Farben erinnert wird. Eine Ausstellung am Ort, die über das Konzentrationslager Monowitz aufklärt, wäre für das Gedenken an Auschwitz von großer Bedeutung.

Danksagung

Viele haben dazu beigetragen, dass dieses Buch entstehen konnte. Ihnen allen gilt unser herzlicher Dank. Insbesondere folgende Personen möchten wir an dieser Stelle namentlich nennen: Susanne Willems hat uns nicht nur in allen Phasen der Arbeit mit ermutigenden und hilfreichen Ratschlägen unterstützt, sondern ist auch Autorin einiger Stichworte im Glossar. Dr. Irmtrud Wojak vom Fritz Bauer Institut in Frankfurt am Main unterstützte uns bei historischen Recherchen zum Auschwitz-Prozess. Peter Widmann vom Archiv des Zentrums für Antisemitismusforschung der TU Berlin machte uns den dort aufbewahrten Bestand des Nürnberger Nachfolgeprozesses gegen die I. G. Farben (Fall VI) zugänglich. Für viele Anregungen, geduldige Korrekturen und Kritik möchten wir uns auch bei Dr. Gudrun Hentges, Mark Holzberger, Inge Junginger und Prof. Dr. Jürgen Schutte herzlich bedanken.

Andreas Plake, Babette Quinkert, Florian Schmaltz
Berlin, im Februar 1999

Nachwort zur Neuauflage

Die erste Auflage der Biografie von Hans Frankenthal erschien im Juli 1999. Zu diesem Zeitpunkt steuerten die internationalen Auseinandersetzungen um die Entschädigung der noch lebenden Zwangs- und Sklavenarbeiter, die im NS-Regime von privaten und staatlichen Unternehmen der deutschen Kriegswirtschaft ausgebeutet worden waren, auf ihren Höhepunkt zu.[1]

Wie viele Überlebende der deutschen Konzentrationslager im In- und Ausland verfolgte auch Hans Frankenthal diese Debatte sehr genau. Er gehörte zu denjenigen Überlebenden, die ihre Stimme erhoben, sich öffentlich einmischten und Gehör verschafften – in zahlreichen Interviews, bei Gesprächen mit Schulklassen, auf Podiumsdiskussionen, in parlamentarischen Anhörungen oder als Redner auf Protestkundgebungen, Demonstrationen und Hauptversammlungen von Aktiengesellschaften der Nachfolgeunternehmen der I. G. Farbenindustrie. Hans Frankenthal forderte für die ehemaligen Zwangs- und Sklavenarbeiter ein individuelles Recht auf Entschädigung anstelle von unzureichenden Zahlungen, für die die Überlebenden auf ihre Rechtsansprüche verzichten sollten. Inmitten seines rastlosen Engagements starb Hans Frankenthal am 22. Dezember 1999 in Dortmund. Zahlreiche Nachrufe würdigten seine Anstrengungen.[2]

1 Dieter Schröder/Rolf Surmann, Der lange Schatten der NS-Diktatur. Texte zur Debatte um Raubgold und Entschädigung, Hamburg 1999.

2 Hans Frankenthal gestorben, haGalil onLine, 23. 12. 1999, www.hagalil.com/archiv/99/12/frankenthal.htm (Zugriff am 13. 5. 2012); Hans G Helms, Ein Mensch voller Zorn und Liebe. Hans Frankenthal, Vorkämpfer für die Entschädigung der Nazi-Sklaven, ist abgetreten, in: junge Welt, 27. 12. 1999, S. 13; Lothar Evers, Anpacken, was zu tun war. Hans Frankenthal 15. 6. 1926–22. 12. 1999, in: Bundesverband Information und Beratung für NS-Verfolgte, Überleben (2001) 1, S. 4; Lothar Evers, Der ganz normale Holocaust. Zum Tode des Antifaschisten Hans Frankenthal, in: Neues Deutschland, 27. 12. 1999, S. 5; Heide Sobotka, Streitbarer Zwangsarbeiter. Zum Tode von Hans Frankenthal sel. A., in: Allgemeine Jüdische Wochenzeitung, 6. 1. 2000, S. 11; Angela Martin, Nachruf auf Hans

Wenige Tage vor seinem Tod hatte er noch von der zwischen Bundeskanzler Gerhard Schröder und dem US-Präsidenten Bill Clinton getroffenen Vereinbarung erfahren, die Obergrenze für Entschädigungszahlungen auf 10 Mrd. DM festzulegen und den deutschen Unternehmen die verlangte »Rechtssicherheit« gegen künftige Forderungen einzuräumen. Hans Frankenthal beurteilte diese Entwicklung, wie die zähen Verhandlungen insgesamt, sehr kritisch. Auf einer der zahlreichen Veranstaltungen, an denen er noch bis wenige Wochen vor seinem Tod teilnahm, forderte er in einer Diskussion den Beauftragten des Bundeskanzlers für die Stiftungsinitiative der deutschen Wirtschaft »Erinnerung, Verantwortung und Zukunft«, den FDP-Politiker Otto Graf Lambsdorff, nachdrücklich auf, bald zu einer angemessenen Lösung zu kommen. Sein Bruder Ernst habe, wie viele andere KZ-Häftlinge und ehemalige Zwangsarbeiter, schon keine Chance mehr, noch Entschädigungszahlungen zu erhalten, weil er bereits verstorben sei. Auch Hans Frankenthal erlebte den Beginn der Auszahlung im Juni 2001 nicht mehr.

Hans Frankenthals Biografie wurde im Juli 1999 im Frankfurter Fritz Bauer Institut der Öffentlichkeit vorgestellt. Sie stieß auf großes Interesse: Schon nach wenigen Wochen war die Erstauflage vergriffen, drei weitere Auflagen folgten. In der ersten Rezeptionsphase standen die Schilderungen Hans Frankenthals zur Häftlingsarbeit im Mittelpunkt und bildeten auch in den nach seinem Tod weiterlaufenden Debatten um eine angemessene Entschädigung ehemaliger NS-Zwangsarbeiter einen zentralen Referenzpunkt in verschiedenen Rezensionen.[3] Hierfür

Frankenthal, in: analyse & kritik. Zeitung für linke Debatte und Praxis (2000) 434, S. 17; Sally Kalson, Obituary: Hans Frankenthal, Holocaust Survivor Led Effort Against German Firms, in: Post Gazette (Pittsburg), 31. 12. 1999.

3 Angela Martin, Die Schwierigkeit wieder heimisch zu werden. Hans Frankenthal Ex-Zwangsarbeiter in Auschwitz berichtet vom KZ und dem, was danach kam, in: die tageszeitung, 19. 10. 1999, S. 17; Christian Kolbe, Verweigerte Rückkehr, in: Diskus 48 (1999) 3, S. 59, www.copyriot.com/diskus/3_99/garip.htm (Zugriff am 12.6.2012); Hans G Helms, »Ihr kriegt nichts!« Im Kampf gegen die Nazis und für Entschädigung ihrer Opfer. Aus Hans Frankenthals zorniger Lebensgeschichte, in: junge Welt, 19. 7. 1999,

steht das Buch des Journalisten Matthias Arning, das Hans Frankenthals Engagement gegen die I. G. Farbenindustrie in Abwicklung schilderte.[4] Die Studie des Wirtschaftshistorikers Thomas Kuczynski nahm die Forderung von Hans Frankenthal zum Ausgangspunkt, die Entschädigungszahlungen an dem vorenthaltenen Lohn ehemaliger NS-Zwangsarbeiter zu orientieren.[5] Ausgehend von der Biografie und persönlichen Erinnerungen warf Tjark Kunstreich die Frage auf, wie sich die Erinnerung an Auschwitz und die Vernichtung der europäischen Juden verändern wird. Mit dem Tod der letzten Überlebenden werden die authentische persönliche Erinnerung nur noch in Büchern und Filmen konserviert sein und in den mit eigenen Traumatisierungen verbundenen Erinnerungen der Kinder der Überlebenden lebendig bleiben. Dies könne eine persönliche Begegnung und das Gespräch mit den Überlebenden aber nicht ersetzen.[6]

Drei Jahre nach der deutschen Erstausgabe erschien 2002 die Biografie von Hans Frankenthal in einer Übersetzung von John A. Broadwin unter dem Titel *The Unwelcome One. Returning Home from*

S. 11; Angelika Magiros, Rezension: Verweigerte Rückkehr, in: Forum Wissenschaft 7 (2000) 1, S. 50; Susanne Heim, Hans Frankenthal: Verweigerte Rückkehr (1999), in: Beiträge zur Geschichte der nationalsozialistischen Gesundheits- und Sozialpolitik 15 (2000), S. 180 f.; Werner Renz, Überlebensmemoiren: Gerda W. Klein, Zdenka Fantlová, Max Mannheimer, Hans Frankenthal, in: Newsletter zur Geschichte und Wirkung des Holocaust. Informationen des Fritz Bauer Instituts 18 (2000), S. 62 f.; Renate Göllner, Der letze Jude aus Schmallenberg, in: Zwischenwelt. Zeitschrift für Kultur des Exils und des Widerstands 17 (2000) 2, S. 84 f.

4 Matthias Arning, Späte Abrechnung. Über Zwangsarbeiter, Schlußstriche und Berliner Verständigungen, Frankfurt a. M. 2001, S. 62 f.

5 Thomas Kuczynski, Entschädigungsansprüche für Zwangsarbeit im »Dritten Reich«, in: Ulrike Winkler (Hrsg.), Stiften gehen. NS-Zwangsarbeit und Entschädigungsdebatte, Köln 2000, S. 170–185, hier S. 170; Thomas Kuczynski, Brosamen vom Herrentisch. Hintergründe der Entschädigungszahlungen an die im Zweiten Weltkrieg nach Deutschland verschleppten Zwangsarbeitskräfte, Berlin 2004, S. 1 f.

6 Tjark Kunstreich, »Verweigerte Rückkehr«. Erinnerungen an Hans Frankenthal, in: Widersprüche (2003), 87, S. 67–80.

Auschwitz in der von Northwestern University Press erscheinenden Reihe *Jewish Lives*.[7] Anlässlich der Publikation der amerikanischen Ausgabe wies der Erziehungswissenschaftler Karl Füssl in einer Rezension auf Besonderheiten der biografischen Darstellung hin: »Hans Frankenthal's memoirs are a testament to the victims of Auschwitz and to the Resistance movement that more than once saved his life and that of his brother. But there is another reason for their extraordinary importance. Since he was one of the few survivors of a community of Jews who lived and grew up in a rural environment, he was able to describe firsthand a social milieu that has disappeared forever from Germany. Today there is virtually nothing left to remind people of the history of the Jewish livestock dealers in whose world Hans Frankenthal grew up and from which he was brutally snatched away. Finally, the story of his return to Schmallenberg in 1945 reveals how German society ›came to terms‹ with its immediate past.«[8]

Der Literaturwissenschaftler Jerry Schuchalter unterstrich die besondere vergangenheitspolitische Dimension. Er führte aus, »that Verweigerte Rückkehr not only can be approached as an individual memoir, but also as an educational primer on the Holocaust. Furthermore, what distinguishes this book from many other Holocaust memoirs is that the Holocaust is not foregrounded as the most salient chapter in the history of anti-Semitism in Germany. Instead Frankenthal's memoir bestows equal weight on the post-war period, which proves to be a continuation of chicanery and discrimination against Jews, once again both by the state and more significantly by civil society.«[9] Es sei deshalb

7 Hans Frankenthal, The Unwelcome One. Returning Home from Auschwitz. In Collaboration with Andreas Plake, Babette Quinkert and Florian Schmaltz, Evenston, Ill. 2002.

8 Karl Füssl, Review on Hans Frankenthal: The Unwelcome One: Returning Home from Auschwitz, Humanities and Social Sciences online (Oktober 2004), www.h-net.org/reviews/showrev.php?id=9888 (Zugriff am 1. 7. 2012).

9 Jerry Schuchalter, Poetry and Truth. The Variations on Holocaust Testimony, Oxford 2009, S. 14 f.

»not only a narrative of victimization and triumph, but also an attempt to complete the task sadly neglected by both the victorious allies and the Federal Republic of Germany reeducating the German public to come to terms with recent German history«.[10]

Die »individuellen Lebenserinnerungen« Hans Frankenthals seien, so Markus Lang in der Zeitschrift für Politikwissenschaft, »angereichert mit historischen und politischen Reflexionen«.[11] In einem Aufsatz zur Literatur von Überlebenden der Shoah unterstrich Andreas Disselnkötter, Hans Frankenthals »weiter leben« nach Auschwitz kennzeichne »auf allen Ebenen eine Konfrontation mit den Tätern und deren Verdrängungsmechanismen«. Zugleich zeige sie »aus der Distanz« vieler Jahrzehnte die »Vermeidungsstrategien, selbst unter den Opfern«, über die Erfahrung der Konzentrations- und Vernichtungslager zu sprechen.[12] Der Publizist Heiner Lichtenstein empfahl die Biografie in der Zeitschrift *Tribüne* für Schulen.[13] Erika Richter verglich das Buch *Verweigerte Rückkehr* mit einem 1994 von Hans Frankenthal veröffentlichten autobiografischen Aufsatz.[14] Ihr schien es, als habe sich seine Erinnerung »mit den allerletzten Jahren immer stärker verdunkelt«.[15] Die Schilderungen der

10 Ebenda, S. 15 f.

11 Markus Lang, ZPol Bibliographie: Hans Frankenthal unter Mitarbeit von Andreas Plake, Babette Quinkert und Florian Schmaltz. Verweigerte Rückkehr (1999), in: Zeitschrift für Politikwissenschaft 10 (2000) 1, S. 218.

12 Andreas Disselnkötter, Nachträglichkeit des Schreibens in der »Post-Holocaust-Ära«. Literatur von Überlebenden der Shoah, in: Walter Schmitz (Hrsg.), Erinnerte Shoah. Die Literatur der Überlebenden = The Shoah remembered, Dresden 2003, S. 42–56, hier S. 54–56.

13 Heiner Lichtenstein, Für Schulen zu empfehlen: Hans Frankenthal: Verweigerte Rückkehr (1999), in: Tribüne. Zeitschrift zum Verständnis des Judentums 34 (2000) 1, S. 197 f.

14 Hans Frankenthal, Mein Leben als Deutscher jüdischen Glaubens, in: Der Oberkreisdirektor Hochsauerlandkreis/Rudolf Brüschke/Norbert Föckeler (Hrsg.), Jüdisches Leben im Hochsauerland, Fredeburg 1994, S. 207–251.

15 Erika Richter, Hans Frankenthal aus Schmallenberg. Ein Deutscher jüdischen Glaubens berichtet über sein Leben, in: Jahrbuch Hochsauerlandkreis 18 (2001), S. 113–116, hier S. 113.

Zeit in Auschwitz seien ausführlicher und der Rückblick auf die Jahrzehnte nach 1945 – »wenn auch mit einem ähnlichen Grundtenor« – unterschiedlich. Die »verweigerte Rückkehr« würde stärker betont und »Desinteresse und Verständnislosigkeit« geschildert, die Hans Frankenthal und seinem Bruder Ernst nach ihrer Rückkehr aus Auschwitz in Schmallenberg von den meisten Nachbarn entgegenschlugen.[16]

Hans Frankenthals Schilderungen der letzten Tage des Vernichtungslagers Auschwitz und der misslungenen Entnazifizierung nach der Rückkehr wurden auch zur Quelle historischer Forschung.[17] Jörg Wollenberg bezog sich in einer Studie über die Rolle von Funktionshäftlingen unter anderem auf Hans Frankenthals Erinnerungen.[18] Laura J. Hilton berief sich auf sie in der Diskussion über die Nachkriegserfahrungen von Holocaust-Überlebenden als Displaced Persons. Der Entzug der Staatsbürgerschaft im NS-Regime führte letztlich dazu, dass jüdische Displaced Persons keinen staatlichen Schutz reklamieren konnten. Hilton verwies hierbei auch auf die entwürdigende Behandlung von Hans Frankenthal und dessen Bruder: Derselbe örtliche Beamte, der im NS-Regime den Entzug ihrer Staatsbürgerschaft verfügt hatte, forderte die 1945 aus Auschwitz nach Schmallenberg zurückgekehrten Brüder auf, als Voraussetzung für ihre »Wiedereinbürgerung« und damit den Erhalt von Lebensmittelkarten die Geburtsurkunden vorzulegen.[19] Diese Episode

16 Ebenda, S. 115.

17 Donald M. McKale, Nazis after Hitler. How Perpetrators of the Holocaust Cheated Justice and Truth, Lanham 2012, S. 33–35 und 220 f.

18 Jörg Wollenberg, Die »roten Kapos« – »rotlackierte Nazis« und »willige Vollstrecker« der SS? Zum Versuch, den Gebrauchswert des Antifaschismus am Beispiel der KZ-»Funktionshäftlinge« neu zu bemessen, in: Matthias Brosch (Hrsg.), Exklusive Solidarität. Linker Antisemitismus in Deutschland. Vom Idealismus zur Antiglobalisierungsbewegung, Berlin 2007, S. 115–140, hier S. 123 und 126.

19 Laura J. Hilton, The Reshaping of Jewish Communities and Identities in Frankfurt and Zeilsheim in 1945, in: Avinoam J. Patt/Michael Berkowitz (Ed.), »We are here«. New Approaches to Jewish Displaced Persons in Postwar Germany, Detroit, Mich. 2010, S. 194–227, hier S. 197 und 217, Fn. 14.

thematisierte auch Ulrich Baumann in einer Studie über jüdisches Leben in dörflichen Strukturen.[20]

Hans Frankenthal wurde über die Publikation seiner Erinnerungen hinaus Teil der Erinnerungskultur. Er gehört zu den weltweit über 50 000 Überlebenden, die der von dem Filmregisseur Steven Spielberg gegründeten Survivors Shoah Visual History Foundation ein mehrstündiges Interview gaben. Der Film mit seiner von ihm erzählten Lebensgeschichte wurde nicht nur auf der EXPO 2000 in Hannover im Deutschen Pavillon gezeigt.[21] Die deutsche Dependance der Shoah Foundation veröffentlichte im Herbst 2000 das interaktive CD-ROM-Projekt Überlebende des Holocaust berichten. Erinnern für Gegenwart und Zukunft und wählte hierfür ebenfalls Hans Frankenthal aus – zusammen mit der politisch verfolgten Widerstandskämpferin Irmgard Konrad, die das Vernichtungslager Auschwitz-Birkenau und das KZ Ravensbrück überlebte. Die CD ROM soll Schülerinnen und Schülern eine multimediale Auseinandersetzung mit dem Holocaust ermöglichen.

Die 2001 eröffnete Dauerausstellung des Jüdischen Museums in Berlin erzählt anhand von Dokumenten aus dem Nachlass Hans Frankenthals die verweigerte Entschädigung in der Bundesrepublik. Hans Frankenthals Auseinandersetzungen um Entschädigungsanträge veranschaulichen die Zumutungen, der sich Überlebende in der Bundesrepublik bei der »Wiedergutmachung« ausgesetzt sahen.

Hans Frankenthal und seinem Bruder Ernst wird auch beim ehemaligen Verwaltungssitz des Konzerns I. G. Farben in Frankfurt am Main gedacht, wo im November 2008 das Wollheim Memorial eröffnete.

20 Ulrich Baumann, The Object's Memory: Remembering Rural Jews in Southern Germany in: Dan Diner (Ed.), Restitution and Memory. Material Restoration in Europe, New York 2007, S. 117–140, hier S. 129 und 139, Fn. 24.

21 Vgl. Alice von Plato, Vom Zeugen zum Zeitzeugen. Die Zeugen der Anklage im ersten Frankfurter Auschwitz-Prozess (1963–1965), in: Irmtrud Wojak (Hrsg.), »Gerichtstag halten über uns selbst …« Geschichte und Wirkung des ersten Frankfurter Auschwitz-Prozesses, Frankfurt a. M. 2001, S. 193–215, hier S. 213, Fn. 13.

Die Gedenkstätte befindet sich auf dem Gelände vor dem I. G. Farben-Hochhaus im Frankfurter Westend, das bis 1995 von der U. S. Army genutzt wurde und seit 1999 die geistes- und kulturwissenschaftlichen Institute der Goethe Universität Frankfurt beherbergt. Norbert Wollheim (1913–1998) war – wie die Brüder Frankenthal – Überlebender des KZ Auschwitz-Monowitz. Anfang der 1950er-Jahre hatte Wollheim einen Pilotprozess gegen die I. G. Farbenindustrie angestrengt, in dem er eine Entschädigung wegen Körperverletzung und für die nicht entlohnte Sklavenarbeit auf der Baustelle der I. G. Auschwitz forderte. Dieser Prozess führte nach langwierigen juristischen Auseinandersetzungen und internationalen politischen Verhandlungen erstmals zu Entschädigungszahlungen eines deutschen Wirtschaftsunternehmens an KZ-Häftlinge.[22]

Betritt man heute den Park vor dem I. G. Farbenhochhaus stößt man auf große in Metallplatten gravierte Fotos. Sie zeigen aus ganz Europa deportierte Menschen, die in das KZ Auschwitz-Monowitz überstellt und auf der Baustelle der I. G. Auschwitz als Sklavenarbeiter ausgebeutet wurden. Die Fotos stammen aus der Zeit vor ihrer Deportation; sie zeigen die Menschen in ihrem alltäglichen Lebensumfeld, das durch die nationalsozialistische Judenverfolgung zerstört wurde. In roter Farbe gravierte Häftlingsnummern, die den Häftlingen in Auschwitz auf den Arm tätowiert wurden, visualisieren diesen Bruch. Eine dieser Fototafeln zeigt ein 1929 aufgenommenes Kinderfoto von Ernst und Hans Frankenthal. Zusätzliche Informationen zu ihrem Lebensweg finden sich in dem Pavillon des Wollheim Memorials. Hier werden Videos von Überlebenden

22 Siehe dazu das Nachwort zur Erstausgabe sowie Joachim Robert Rumpf, Der Fall Wollheim gegen die I. G. Farbenindustrie AG in Liquidation. Die erste Musterklage eines ehemaligen Zwangsarbeiters in der Bundesrepublik Deutschland – Prozess, Politik und Presse, Frankfurt a. M. 2010; Wolfgang Benz, Der Wollheim-Prozeß. Zwangsarbeit für I. G. Farben in Auschwitz, in: Ludolf Herbst/Constantin Goschler (Hrsg.), Wiedergutmachung in der Bundesrepublik Deutschland, München 1989, S. 303–326; Benjamin B. Ferencz, Lohn des Grauens. Die verweigerte Entschädigung für jüdische Zwangsarbeiter. Ein Kapitel deutscher Nachkriegsgeschichte, Frankfurt a. M. 1981, S. 59–97.

des KZ Auschwitz-Monowitz gezeigt und zahlreiche weitere biografische und historische Hintergrundinformationen angeboten.[23]

Im Jahr 2010 lobte die Stiftung Auschwitz-Komitee den Hans-Frankenthal-Preis aus. Der Preis, der an die Zivilcourage und das politische Engagement von Hans Frankenthal erinnert, wird jährlich an Einzelpersonen, Gruppen, Initiativen und Institutionen vergeben, die mit kulturellen oder politischen Mitteln »im Sinne des Auschwitz-Komitees Aufklärungs- und Bildungsarbeit gegen das Vergessen und gegen nationalsozialistische und neofaschistische Bestrebungen leisten«.[24]

Das Manuskript wurde für die Neuauflage entsprechend den Regeln der neuen Rechtschreibung überarbeitet und geringfügig stilistisch korrigiert. Im vorliegenden Band wurden neue Abbildungen und Dokumente aufgenommen, andere entfielen. Die frühere Buchausgabe des Fischer-Verlages enthielt einen Plan des Konzentrationslagers Auschwitz-Monowitz und ein Glossar. Sowohl der Lagerplan als auch das Glossar – teilweise um neue Stichworte ergänzt bzw. im Hinblick auf den neuen Forschungsstand aktualisiert – werden in der vorliegenden Neuauflage nicht als Teil der Buchpublikation, sondern im Internet als kostenloses PDF-Dokument online verfügbar gemacht (unter www.metropol-verlag.de/pp/downloads/downloads.htm und http://www.stiftung-auschwitz-komitee.de/der-hans-frankenthal-preis/%C3%BCber-hans-frankenthal/wer-war-hans-frankenthal).

23 wollheim memorial, www.wollheim-memorial.de/de/home (Zugriff am 1. 7. 2012).

24 Stiftung Auschwitz-Komitee, Informationen zur Ausschreibung des Hans-Frankenthal-Preises, www.stiftung-auschwitz-komitee.de/der-hans-frankenthal-preis/die-ausschreibung/informationen-zur-ausschreibung-des-hans%E2%80%90frankenthal%E2%80%90pr (Zugriff am 1. 7. 2012).

Danksagung

Unser Dank gilt Friedrich Veitl und Prof. Dr. Wolfgang Benz dafür, dass sie die Neuauflage der Biografie im Metropol Verlag befürwortet haben. Frau Prof. Dr. Stefanie Schüler-Springorum (Zentrum für Antisemitismusforschung) danken wir für die Aufnahme des Bandes in die Reihe *Bibliothek der Erinnerung*.

Die Neuauflage wäre ohne die finanzielle Unterstützung des Auschwitz-Komitees in der Bundesrepublik und der Stiftung Auschwitz-Komitee (Hamburg) nicht realisierbar gewesen. Die Zuwendung wurde vor allem durch eine großzügige Spende der Überlebenden und Widerstandskämpferin Elsa Werner (1911–2012) möglich, die mit Hans Frankenthal durch die jahrelange Zusammenarbeit im Vorstand des Auschwitz-Komitees verbunden war. Ferner möchten wir uns bei dem Regierungspräsidenten des Regierungsbezirks Arnsberg Herrn Dr. Gerd Bollermann bedanken, der unser Anliegen, die vergriffene Biografie von Hans Frankenthal in einer Neuauflage zu publizieren, zusammen mit seiner Mitarbeiterin Frau Silvya Ixkes-Henkemeier (Koordination Kommunikation) unterstützte. Auf seine Veranlassung hin steuerte der Regierungsbezirk Arnsberg einen Teil der Druckkosten bei. Ebenfalls bedanken möchten wir uns bei Benedikt Große Hüttmann und Sandra Klerx von der Bezirksregierung Arnsberg (Dezernat 12 – Justitiariat), die uns halfen, erbrechtliche Fragen zu klären, und damit ein baldiges Erscheinen der Neuauflage ermöglichten.

Wir danken auch Franziska Bogdanov und Valeska Wolfgram (Stiftung Jüdisches Museum Berlin), die uns bei der Suche nach Fotos und Dokumenten im Nachlass Hans Frankenthals, der im Archiv des Museum aufbewahrt wird, sehr halfen. Dank gilt ebenfalls dem Ortsheimatpfleger Helmut Voß in Schmallenberg, der uns freundlicherweise ein Foto der Schmallenberger Synagoge zur Verfügung stellte.

Babette Quinkert, Andreas Plake und Florian Schmaltz
Berlin und Frankfurt am Main, im August 2012

Zum Autor

Hans Frankenthal, geboren 1926 in Schmallenberg/Sauerland, wurde zusammen mit seiner Familie 1943 nach Auschwitz deportiert. Seine Eltern wurden ermordet. Hans und sein Bruder Ernst überlebten die Zwangsarbeit im Lager Monowitz und das Konzentrationslager Mittelbau-Dora und wurden schließlich 1945 in Theresienstadt befreit. Nach ihrer Rückkehr nach Schmallenberg betrieb der Autor eine Metzgerei und arbeitete als Viehhändler. Er war im Landesverband der Jüdischen Gemeinden Westfalen-Lippe, als Mitglied des Zentralrates der Juden in Deutschland und als stellvertretender Vorsitzender des Auschwitz-Komitees in der Bundesrepublik tätig. Hans Frankenthal starb am 22. Dezember 1999 in Dortmund. Er wurde auf dem jüdischen Friedhof in Hagen-Eilpe begraben. In Erinnerung an ihn verleiht die Stiftung Auschwitz-Komitee seit 2010 einmal jährlich den Hans-Frankenthal-Preis.

Zu den Mitarbeitern

Andreas Plake, geboren 1957, Studium der Sozialwissenschaften an der Universität Osnabrück. Er war Mitarbeiter des Bundesverbands Information & Beratung für NS-Verfolgte sowie der Projekte »Nachweisbeschaffung für NS-Zwangsarbeiter/innen« und »Liste der jüdischen Residenten Deutschlands 1933–1945«. Er ist Redaktionsmitglied des Nachrichtenportals »Informationen zur Deutschen Außenpolitik« (german-foreign-policy.com) und freiberuflicher Lektor.

Babette Quinkert, Dr. phil., geboren 1963, Studium der Politikwissenschaften an der Universität Osnabrück und der Freien Universität Berlin. Promotion am Zentrum für Antisemitismusforschung der Technischen Universität Berlin. Sie ist wissenschaftliche Mit-